路面激光三维检测设备计量方法及装置研究

周毅姝 张金凝 任励硕 等 编著

人民交通出版社股份有限公司

北 京

内 容 提 要

本书通过研究激光路面三维检测设备的测量原理和技术参数，分析公路损伤指标检测要求及计量技术指标，确定了激光路面三维检测设备计量参数，并进行了不确定度报告的评定，提出设备的量值溯源途径，对此类设备的准确度提升有一定的参考价值。

本书可供交通运输行业检测人员、校准人员等使用。

图书在版编目(CIP)数据

路面激光三维检测设备计量方法及装置研究／周毅姝等编著. — 北京：人民交通出版社股份有限公司，2023.9

ISBN 978-7-114-18776-6

Ⅰ.①路… Ⅱ.①周… Ⅲ.①路面—三维—激光检测—研究 Ⅳ.①U416.2

中国国家版本馆 CIP 数据核字(2023)第 079987 号

Lumian Jiguang Sanwei Jiance Shebei Jiliang Fangfa ji Zhuangzhi Yanjiu

书　　名：	路面激光三维检测设备计量方法及装置研究
著 作 者：	周毅姝　张金凝　任励硕　等
责任编辑：	潘艳霞
责任校对：	赵媛媛　魏佳宁
责任印制：	张　凯
出版发行：	人民交通出版社股份有限公司
地　　址：	(100011)北京市朝阳区安定门外外馆斜街 3 号
网　　址：	http://www.ccpcl.com.cn
销售电话：	(010)59757973
总 经 销：	人民交通出版社股份有限公司发行部
经　　销：	各地新华书店
印　　刷：	北京虎彩文化传播有限公司
开　　本：	787×1092　1/16
印　　张：	9
字　　数：	157 千
版　　次：	2023 年 9 月　第 1 版
印　　次：	2023 年 9 月　第 1 次印刷
书　　号：	ISBN 978-7-114-18776-6
定　　价：	80.00 元

(有印刷、装订质量问题的图书，由本公司负责调换)

《路面激光三维检测设备计量方法及装置研究》

编写委员会

主　　　　编：周毅姝　张金凝　任励硕

参与编写人员：郭鸿博　冷正威　陈柳清　曹瑾瑾

　　　　　　　刘　越　王鹏飞　阚国泽

前　言

近年来,随着光电技术的迅猛发展,公路路面快速检测设备的检测技术也有了长足的进步。与手持式检测设备相比,利用激光等技术的公路路面快速检测设备具有不影响交通流、可实时记录地理位置信息的明显优势。在目前的路面损伤检测中,该类设备使用率已经达到了95%以上。据不完全统计,截至2020年,技术状况检测中,路面自动化采集技术覆盖率已达100%,科学决策技术运用普及率高达80%。

公路路面快速检测设备目前可多指标搭载同一车辆平台,实现同步采集处理多项路面技术指标,一般称为车载式综合路面检测设备。目前路面检测指标主要包括路面平整度、路面车辙、路面构造深度、路面裂缝,且多采用二维检测技术。截至2021年6月,国内综合甲级检测试验室150余家,综合路面检测设备拥有率为100%;综合乙级检测试验室2000余家,综合路面检测设备拥有率在5%~10%之间。目前基于二维检测技术的综合路面检测技术已经相当成熟,国家道路与桥梁工程检测设备计量站也建立了交通运输部最高计量标准,对基于二维检测技术的综合路面检测车提供检/校服务,确保其量值准确可靠。

然而二维检测技术也具有一定的局限性,无法对路面损坏的深度信息进行识别及处理,如裂缝的深度、拥包的高度、坑槽的深度、坑槽的体积等。

随着科学技术的发展,交通运输行业引入激光三维检测技术,试图实现对路面深度缺陷的识别。为了验证其检测结果的准确性,作者开展了三维检测设备的准确性验证研究,并依据研究成果编写了本书。全书共7章,第1章为激光三维检测技术;第2章为路面损伤指标检测要求及计量技术指标；第 3 章为激光三维检测设备计量；第 4 章为现有计量标准装置适用性验证；第 5 章为路面坑槽三维检测设备计量技术研究；第 6 章为激光三维检测设备测量结果的不确定度评定；第 7 章为路面激光三维检测设备计量溯源性研究。

  由于写作时间仓促，编写组水平有限，书中难免存在许多不足，敬请各位专家及读者批评指正。

作　者

2023 年 1 月

目 录

第1章 激光三维检测技术 ·· 001
1.1 三维测量技术的发展概况 ···································· 002
1.2 路面形态获取中的激光三维检测技术 ·················· 007
1.3 激光三维检测设备概况 ······································ 009

第2章 路面损伤指标检测要求及计量技术指标 ············ 015
2.1 平整度 ··· 016
2.2 车辙 ·· 019
2.3 构造深度 ··· 023
2.4 裂缝 ·· 024
2.5 路面拥包 ··· 030
2.6 坑槽 ·· 032
2.7 沉陷 ·· 033

第3章 激光三维检测设备计量 ···································· 037
3.1 路面平整度三维检测设备计量 ····························· 038
3.2 路面车辙三维检测设备计量 ································ 042
3.3 构造深度三维检测设备计量 ································ 048
3.4 裂缝三维检测设备计量 ······································ 053

第4章 现有计量标准装置适用性验证 ························· 061
4.1 路面平整度现有计量标准器适用性验证 ················ 062
4.2 路面车辙现有计量标准器适用性验证 ··················· 065
4.3 构造深度现有计量标准器适用性验证 ··················· 068
4.4 裂缝现有计量标准器适用性验证 ························· 068

第 5 章　路面坑槽三维检测设备计量技术研究 …………………………………… 071
　5.1　路面坑槽的自动化检测 ……………………………………………………… 072
　5.2　路面坑槽标准值的复现 ……………………………………………………… 073
　5.3　路面坑槽标准器的研制 ……………………………………………………… 082
　5.4　三维坑槽标准器计量适用性验证 …………………………………………… 095

第 6 章　激光三维检测设备测量结果的不确定度评定 ………………………… 107
　6.1　激光三维平整度检测设备测量结果的不确定度评定及表述 ……………… 108
　6.2　激光三维车辙检测设备测量结果的不确定度评定及表述 ………………… 112
　6.3　激光三维裂缝检测设备测量结果的不确定度评定及表述 ………………… 119
　6.4　激光三维坑槽检测设备测量结果的不确定度评定及表述 ………………… 121

第 7 章　路面激光三维检测设备计量溯源性研究 ……………………………… 127
　7.1　量值溯源与量值传递的必要性 ……………………………………………… 128
　7.2　量值溯源与量值传递的定义 ………………………………………………… 129
　7.3　计量基准与计量标准 ………………………………………………………… 130
　7.4　路面激光三维检测设备溯源路径框图 ……………………………………… 131

参考文献 …………………………………………………………………………… 134

第 1 章

激光三维检测技术

1.1 三维测量技术的发展概况

三维测量是获取物体表面各点空间坐标的技术,从而得到物体的全部形状信息。三维测量可分为接触式测量和非接触式测量,如图 1-1 所示。

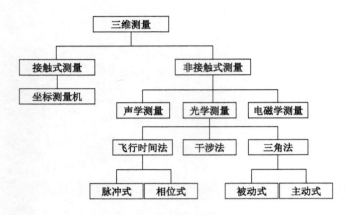

图 1-1 三维测量分类

接触式测量主要以坐标测量机为主,采用检具或探针对被测物体进行接触测量。常用方法是通过接触测量被测物体表面的坐标点数据。接触式测量法测量精度高、重复性好,但是存在测量速度慢、易损伤被测物体表面等缺陷。

非接触式测量主要以声学、光学、电磁学等测量为主。其中又以光学测量应用最为广泛,光学测量具有精度高、速度快、性能强等优点。

常用的光学测量基本原理有三种:飞行时间法、干涉法、三角法。

1.1.1 飞行时间法

光在给定介质中的传播速度是一定的,通过测量光在参考点和被测点之间的往返传播时间,即可给出目标和参考点之间的距离,其间的往返时间即为光的飞行时间。

目前常用的飞行时间法有脉冲法(图 1-2)、相位法(图 1-3)等。脉冲法原理与超声测距类似,仪器向目标发射脉冲信号,碰到目标被反射回来,由于光的传播速度是已知的,所以通过计算时间获取传播距离 Z:

$$Z = \frac{c \times \Delta t}{2} \qquad (1\text{-}1)$$

式中：c——光速；

Δt——光脉冲从发出到接收时刻之间的时间延迟。

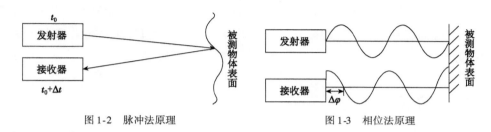

图 1-2　脉冲法原理　　　　　　图 1-3　相位法原理

直接测量光的飞行时间难度较大,因此,利用连续调制的激光波束照射被测目标,从测量光束往返中造成的相位变化,换算出被测目标的距离 L。相位法原理如下：

设调制频率为 f,则调制波波长为：

$$\lambda = \frac{c}{f} \qquad (1\text{-}2)$$

设测量光束往返中造成的相位变化为 $\Delta\varphi$,则有：

$$2L = ct = c\frac{\Delta\varphi}{2\pi f} = \frac{\lambda \Delta\varphi}{2\pi} \qquad (1\text{-}3)$$

$$L = \frac{\lambda \Delta\varphi}{4\pi} \qquad (1\text{-}4)$$

需要指出的是,相位测量技术只能测量出相位变化 $\Delta\varphi$ 不足 2π 的相位差,飞行时间法测距结合附加的扫描装置使激光扫描整个物体就可以得到三维数据。

飞行时间法由于不需要采集图像,因此可以有效地避免阴影和遮挡问题。该方法以对信号检测的时间分辨率来换取距离测量精度,要得到高的测量精度,测量系统必须要有极高的时间分辨率,典型分辨率可达到 1mm,若采用亚皮秒激光脉冲和高时间分辨率的电子器件,深度分辨率可达亚毫米量级。采用时间相干的单光子计数法,测量 1m 距离,深度分辨率可达 $30\mu m$；另一种被称为飞行光全息技术的三维测量方法利用超短光脉冲结合数字重建和利特罗装置,深度分辨率可达 $6.5\mu m$。

1.1.2 干涉法

干涉法利用相干光的干涉现象，光源发射的光通过分光透镜被分成测量光和参考光，分别照射到被测物体表面和反射镜中，经反射两束光产生干涉，在成像平面产生干涉条纹，得到两束光之间的相位差，从而获得物体表面的深度。干涉法测量精度高，测量分辨率能达到光波的百分之一，但测量范围受到光波波长的限制，只能测量微小形变和微缺陷，不适于宏观物体的检测。

1.1.3 三角法

三角法是指借由测量目标点与固定基准线的已知端点的角度测量目标距离的方法。当已知一个边长及两个观测角度时，观测目标点可以被标定为一个三角形的第三个点。光学三角法是最常用的一种光学三维测量技术，以传统的三角测量为基础，通过待测点相对于光学基准线偏移产生的角度变化计算该点的深度信息。

根据是否需要向被测物体投射特殊的光照，三角法分为被动三角法和主动三角法。

（1）被动三角法。

双目视觉法（图1-4）就是典型的被动三角法。根据光的直线传播和透镜的折射以及透镜对光的反射理论，单眼相机形成的二维平面图像不能完全反映场景的三维信息。为了获得场景的三维坐标，至少需要两个相机同时对目标场景进行成像。双目视觉模仿人眼的双目成像，利用两台位置固定的摄像机，从不同角度同时获取同一物体的两幅图像，通过计算空间点在两幅图像中的像差获得其三维坐标值。

该方法简单灵活，使用范围广，但图像对应点的匹配比较困难，因此导致测量精度低，不适于精密计量。

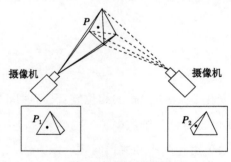

图1-4　双目视觉法原理

（2）主动三角法。

结构光三角测量法就是由投射器发出的光点、线、面照射到被测物体表面形成特征点，经反射成像在探测器上，根据成像在探测器上的位置，利用光学三角法测量原理获取特征点的空间三维坐标信息。

如图 1-5 所示,激光器 1 发出的光线,经会聚透镜 2 聚焦后入射到被测物体表面 3 上的 A 点,会聚透镜 2 的光轴与接收透镜 4 的光轴交于参考面上的 O 点,接收透镜 4 接收来自入射光点 A 处的散射光,并将其成像在探测器 5 的光敏面上 A' 点,O 点经透镜 4 成像在光敏面上 O' 点。当物体移动或表面高度发生变化时,入射光点将沿入射光轴移动,导致像点在探测器上移动。如果探测器基线与光轴垂直,只有一个准确调焦的位置,则其余位置的像都处于不同程度的离焦状态。离焦将引起像点的弥散,从而降低系统的测量精度。为了提高精度,可以使探测器基

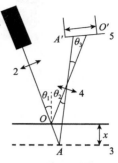

图 1-5 点激光三角测量法原理示意图

线与成像光轴 OO' 成一倾角 θ_3,当满足 Scheimpflug 条件时,一定范围内的被测点都能准确地成像在探测器上,从而保证了测量精度。

$$\tan(\theta_1 + \theta_2) = \beta\tan\theta_3 \tag{1-5}$$

式中:β——成像系统横向放大率;

θ_1——投影光轴和被测面法线之间的夹角;

θ_2——成像光轴和被测面法线之间的夹角。

由图 1-5 可得:

$$\frac{\overline{OA}\sin(\theta_1 + \theta_2)}{a + \overline{OA}\cos(\theta_1 + \theta_2)} = \frac{\overline{O'A'}\sin\theta_3}{b - \overline{O'A'}\cos\theta_3} \tag{1-6}$$

式中:a——投影光轴与成像光轴的交点到接受透镜前主面的距离;

b——接收透镜后主面到成像面中心点的距离。

又因 $x = \overline{OA}\cos\theta_1$,$x' = \overline{O'A'}$,上式可简化为:

$$x = \frac{ax'\sin\theta_3\cos\theta_1}{b\sin(\theta_1 + \theta_2) - x'\sin(\theta_1 + \theta_2 + \theta_3)} \tag{1-7}$$

式中:x——待测表面与参考面的距离。

若待测面位于参考面上方,则上式中分母取"+"。

当 θ_2 为 0°时,为斜入射直接收式,属于斜入射式传感器的一个特例。光电移动 x' 时,被测面沿法线方向移动的距离为:

$$x = \frac{ax'\sin\theta_3\cos\theta_1}{b\sin\theta_1 - x'\sin(\theta_1 + \theta_3)} \tag{1-8}$$

当 θ_1 为 0°时,激光器发出去的光垂直入射到被测物体表面,此时投影光轴和被测面

法线之间的夹角 $\theta_1 = 0°$，Scheimpflug 条件可表示为：

$$\tan\theta_2 = \beta\tan\theta_3 \tag{1-9}$$

待测表面与参考面的距离 x 为：

$$x = \frac{ax'\sin\theta_3}{b\sin\theta_2 - x'\sin(\theta_2 + \theta_3)} \tag{1-10}$$

斜射法和直射法各有其优缺点。斜射法的测量精度一般要高于直射法，但斜射法入射光束与接收装置光轴夹角过大，对于曲面物体有遮光现象，对于形状复杂的物体，这个问题更为严重。直射法适用于检测范围大且表面粗糙不易发生镜面反射的物体。

点结构光照明是投射一个光点到待测物体表面，再加上附加的二维扫描，形成完整的三维面形。对于单点投影的三角测量系统，通常采用线阵探测器作为接收器件。

线结构光照明投射一个片状光束到待测物体表面，片状光束与被测物体表面相交形成线状结构照明，由二维面阵探测器件作为接收器件。由于一次测量可以获得一条线的所有数据，因此，只需要附加一维扫描就可以形成完整的三维面形数据。

由照明系统投射一个二维图形到待测物体表面，形成面结构照明。常用的面结构照明是基于白光投影的二维图形。一次测量可以获得一个面的所有三维数据，利用投射几何关系建立物体表面条纹和参考平面条纹的相位差与相位高度的关系，从而获得物体表面与参考平面间的相对高度。

结构光三角测量法的三种方式如图 1-6 所示。

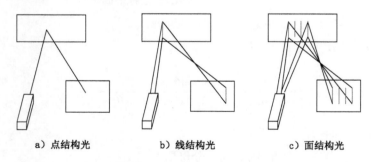

a) 点结构光　　　　b) 线结构光　　　　c) 面结构光

图 1-6　结构光三角测量法的三种方式

三类结构光三维测量方法在光源选择和工作方式上又有所区别。点结构光和线结构光一般采用激光光源，探测器图像不受被测目标表面纹理及外观颜色的影响，适用于多数测量场合。面结构光的光源一般采用光栅投影或数字投影，向被测物体投射幅面光后，探测器获取经被测物体表面形貌调制的光源图像，通过分析投射光源图像和探测器获得的调制图像的对应关系来进行三维形貌测量。结构光三角测量法具有测量速度快、分辨率高和测量精度高等优点,但其测量范围也受到系统结构的制约,单幅扫描时测量范围较小。

1.2 路面形态获取中的激光三维检测技术

在地球坐标系下,路面形态可以看作由无数个具有一定经度、纬度以及海拔高度的点集合构成。路面技术评价时通常用断面剖面曲线来表示路面,断面剖面曲线主要包含横断面曲线以及纵断面曲线。

横断面曲线是指路面上垂直于路线前进方向的横向剖面曲线,主要影响评价指标中的车辙深度;纵断面曲线是指沿道路中心线竖向剖面曲线,主要影响评价指标中的平整度指数。路面同时也包含很多微观信息,如纹理信息主要影响路面构造深度,裂缝信息主要影响路面破损率。

为了实现路面三维重构,必须将激光检测车测量的横断面信息、纵断面信息以及纹理信息等与真实路面对应,综合到统一坐标系中。

路面三维检测技术主要是研究如何能精确地获得真实路面三维形状的数据,对路面检测数据进行分析而获得各种路面质量指标,为路面养护和维修提供依据;也可以获得路面的功率谱,为汽车-路面动力响应研究提供依据。

20世纪50年代,随着计算机技术的发展,美国学者Miller首次将数字化引入公路设计中,提出了数字地面模型。这个模型开创性地用数字化形式来表示地形特征,将公路路面表示为一个路面坐标点阵列,将路面的高低看作是这些坐标点的属性,即为高程,这就建立起一个路面数据库。数字地面模型相当于建立路面三维坐标系,从三维空间角度分析路面地形特征,是路面三维可视化的基础。

1966年2月,国际标准化组织(ISO)首先提出了路面三维检测的概念,在欧洲共同体的赞助下,英国伯明翰大学对路面三维表面特征进行了一定的研究,提出了包含四个方面的路面三维特征参数,即路面幅值信息、路面水平信息、路面幅值水平混合信息和路面的局部信息。

1.2.1 路面轮廓的三维测量技术

20世纪90年代以前,道路检测主要依赖人工,普遍存在方法落后、效率低下等问题。

因此，30年来各种路面检测技术不断改进、发展、融合，并取得了一系列成果。最早工业界将用于地质勘探的雷达探测和测距系统用于路面自动化检测，但是由于难以进一步提高分辨率而逐渐被基于二维图像处理专用检测技术取代。然而，基于二维图像处理的路面检测技术识别率偏低且不能全面地反映路面病害的形貌特征，逐渐被三维路面轮廓测量技术替代。路面轮廓三维测量技术在对路面病害的识别上发挥了巨大的作用，可全面地反映路面的破损情况和程度，为路面养护提供依据。该类技术可以基于多种原理，优劣也不尽相同，其中基于线形结构光的路面轮廓三维测量技术发展最好，得到广泛使用。

路面轮廓三维测量技术是通过激光扫描收集路表三维信息，其中基于激光测距传感器和激光三角测距原理的三维测量技术可以通过激光探测器获取路面高程。基于结构光的路面轮廓三维测量技术通过解析投射于路表的扭曲图案形态获取被测区域的深度数据。然而，结构光技术需要的图像存储空间庞大，后期处理工作繁重，且由于是动态测量而导致精度不足。

1.2.2　基于雷达测距的路面轮廓三维测量技术

雷达探测设备向被测物体发射探测电磁波，接收从被测物体表面反射回来的回波信号，然后将接收到的回波信号与发射信号进行比较，做适当处理后，就可获得目标的深度信息。

20世纪90年代，凤凰科技(Phoenix Scientific)开发的用于路面勘测的旋转激光雷达系统受到广泛关注，该系统利用探测和测距技术(Light Detection and Ranging, LIDAR)进行了3D表面建模。该激光雷达测距系统由激光扫描系统、kit-6接收器和惯性测量单元(Inertial Measurement Unit, IMU)组成，使用可旋转的扫描镜收集激光扫描数据。激光雷达信号不是一个点，而是一个区域光束，激光雷达测距仪安装在飞行器上，扫描镜可沿着垂直于飞行的方向旋转，可左右旋转900°，在较大范围获取地面的高度信息。但是该方法在几十年里无法在提高分辨率上有所突破，因而逐渐被其他技术取代。

2005年，Benedetto A.等采用基于探地雷达(Ground Penetrating Rada, GPR)的路面病害轮廓三维测量技术对路面内部进行无损检测。在检测车上安装雷达探测器对准被测路面，将检测信号发送到目标，并接收从目标反射回来的回波信号，最后将接收到的回波信号与发送的信号进行比较。经处理后，可以获得有关目标对象的信息。根据雷达图，可以识别路面下方结构的病害情况。该方法可以实现全断面道路的无损检测。

2013年出现了通过激光雷达探测获取路面三维信息的技术。陈楚江等提出了一种提取道路断面特征的方法。首先，运用激光雷达探测设备获取被测断面的点云数据，根据扫描数据,确定道路的特征引导线,提取引导线附近的点云数据;之后选取特征信息完整的断面切片,生成相关特征点云模板;最终通过确定道路特征点云模板与断面切片点云的转换模型参数计算出道路的空间坐标,提取所需的道路特征。该方法获取道路特征的速度快、工作效率高、提取的信息精度高、不影响交通流,避免了工作人员的人身安全隐患。

2014 年出现了改进激光雷达探测的路面轮廓测量技术,可以对路面损坏进行分类和识别。王世峰等开发了一种基于加速度传感器校正的激光雷达路面病害识别方法及装置。该装置将激光雷达固定在检测车上,向采样点发出探测信号,记录采样点的坐标和回波信号数据。根据坐标数据生成路面轮廓数据后,用加速度传感器获得的数据对路面轮廓进行修正。对修正后的路面轮廓进行处理和特征提取,最终得到特征数据。将路面轮廓特征数据和回波信号数据进行融合,生成分类器数据用于机器训练,用机器学习的方法即可输出路面病害种类的分类结果。该装置与之前的激光雷达装置相比,提高了路面识别的范围和准确率。

1.2.3　基于激光测距的路面轮廓三维测量技术

基于激光测距的路面轮廓三维测量技术易于远程检测,具有安装便捷、操作简单、实时性强、精度高、检测速度快等特点,还可以消除路面颠簸和检测速度对测量结果的影响,广泛应用于路面测量领域。

1.3　激光三维检测设备概况

1.3.1　激光三维检测设备的组成

激光路面三维检测设备主要由采集系统、数据分析及处理系统、辅助修正系统[加速度传感器、水平测距传感器、全球卫星导航系统(Global Navigation Satellita System,GNSS)等]、电力支持系统、输出系统等组成(图1-7)。

其中,采集系统又称光学系统,是激光路面三维检测系统的核心部分,主要用于路面高程的测量,由激光发射器和电荷耦合器件(CCD)或互补金属氧化物半导体(CMOS)传感器的扫描相机组成,有些光学系统中还会存在分光棱镜、反射镜等光学元器件。

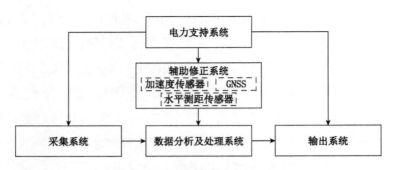

图 1-7　激光三维检测设备组成示意图

为了得到更准确的测量数据,考虑到激光会受到车辆颠簸、震动等的影响,系统引入加速度传感器测量检测车行进过程中的垂直加速度,通过积分求得车辆垂直位移修正实测路面高程,最终获得路面的准确高度。

为了获取车辆行驶过程中的准确定位,系统一般会使用距离传感器,距离传感器可以记录行驶里程,还可以结合 GNSS 信息对路段信息进行精准定位。系统一般装载在车载平台的车轮轮轴上,与车轮保持同步转动,保证车载平台行驶与距离采样的一致。距离传感器一般装配在车载平台靠近平台的轮胎上,以减少轮胎在弯道段打滑引起采集数据异常的风险。GNSS 可以为整个激光路面三维检测设备提供地理位置以及行车速度,精确定位路段信息。

数据分析及处理系统也称计算机控制中心及保障支持设备,分别与各部件连接,用于部件的调试与控制及实时接收、中转信息,利用手机反馈数据并储存。

电力支持系统包括蓄电池、变压器、稳压器等,是保障激光三维检测设备正常工作的基础。

1.3.2　激光三维检测设备在路面检测中的应用现状

美国运输部、研究和创新技术管理局和商业遥感空间信息组织(CRS & SI)赞助了基于结构光的路面三维轮廓三维测量项目,通过该项评估了 3D 激光应用于自动路面检测的可行性。2012 年,James Tsai 利用基于连续轮廓的激光数据(来自 Georgia StateRoute80 和 Georgia StateRoute 275)进行验证测试,以评估 3D 线激光成像技术的性能。结果表明,三维激光路面数据受光照条件和图像对比度的影响较小,性能表现稳定,此外还能够识别路面上的污染物。三维激光路面数据采集系统具有良好的收集宽度大于 2mm 的裂缝的能力,可以精确地测量裂缝宽度,有助于进一步精细划分裂缝的分类。但数据分辨率有待加强,目前裂缝的检测下限大约为 1mm。

Wong等研发的高等级路面视觉三维结构光成像系统(C PaveVision 3D Ultra,3D Ultra)在2011年已较为成熟,该系统可以在100km/h的速度下采集全车道的数据。在60km/h的数据收集速度下,垂直和纵向上的表面纹理数据分辨率分别可达0.3mm和1mm。3D Ultra能够通过两组独立的传感器获取路面的3D激光成像强度和距离数据。这一系统将2D和3D线激光扫描结合起来,同时运行,相互辅助,进一步提高了扫描的准确性和效率。系统集成有两个3D高分辨率数字加速度传感器,能够报告被测路表的曲面轮廓并生成粗糙度指数。采集的数据由图像按帧保存,每帧图像的长度为2048mm、宽度为4096mm。

美国研制了PPS-2005道路轮廓扫描仪,其核心为激光路面轮廓测量仪,其上的旋转多面体在每周期可以扫描路面6次,在多面体转速达10000r/min及测量车速度为80km/h情况下,可以每秒测量路面1000次。在扫描仪高于路面2.1m时,可以扫描4.2m的宽度范围。

加拿大Roadware公司研发了ARAN多功能道路检测车。ARAN多功能道路检测车可以以普通的行驶速度行驶(20~120km/h),它还能精确测量道路横向和纵向的外观轮廓、测梁距离,准确定出信号、建筑物和桥墩的位置。GNSS用于测定地理空间中的三维坐标。GNSS还可提供道路设施的经度和纬度,并用CAD(Computer Aided Design,计算机辅助设计)和GIS(Geographic Information System,地理信息系统)生成地图;道路全景摄像系统可生成道路路况的录像,多达6台的摄像机可同时同步记录不同角度的图像(侧视、后视等);激光扫描横断面测量系统使用2个扫描激光器以精确测量道路的横断面和车辙。

近年来,国内对激光三维检测设备的研究与应用也发展迅猛。

贺安之和徐友仁等人开发了一种被称为JG-1的激光路面状况的检测系统,该系统采用组成网格结构的多片激光进行路面三维数据的检测,能够检测路面的坑槽、浪涌、拥包,沉降等信息。该系统的缺点是不能给出真实的路面平整度信息,同时侧倾和俯仰振动对系统的精度影响较大,系统成本也较高。

陈伦琼和吴建文根据几何光学三角原理设计了一套道路车辙检测系统,通过获取路面轮廓的起伏情况来检测路面车辙。该系统将激光投射到路面,采用CCD线阵相机接收反射回来的激光束,根据接收到的激光点在线阵上的位置来计算所测物体的高度。系统采用非线性中值滤波对CCD线阵相机接收到的图像进行实时处理,最终获得被测路面的起伏情况。该探测技术对路面平整度的测量精度达到了毫米(mm)量级。

宋宏勋等开发了一套多功能激光路面轮廓三维测量装置,该装置安装有多个激光位移传感器用于测量路面轮廓,评估路面车辙和粗糙度。装置架设在检测车上,车的两侧安装有纵向平整度检测梁,前后安装有矩形梁架,矩形梁架的中间设有车辙检测横梁。每根检测梁均安装多个激光位移传感器,激光位移传感器可从各个方位和角度对测量路面。工作时,需要通过横梁上的激光位移传感器获取车辙情况,通过纵向平整度检测梁上的激光位移传感器获取路面平整度信息。同时,该装置还可测量路表的轮廓,并且可随时停车,不受检测车速度快慢的影响,适用于各等级路面的检测。

在宋宏勋等研究的基础上,李伟等集成激光传感器、加速度传感器、计算机技术、传感技术、数据处理和传输技术,构建了一种自动平整度检测系统。在这个系统中,激光测距传感器用来评估路表平整度,高精度旋转编码用来记录总行驶路程。由于车辆行驶中产生的振动会对测量结果产生影响,系统在工作中引入了加速度传感器测量车辆行进中的垂直加速度,通过积分求得的车辆垂直位移修正实测路面高程,最终获得路面的准确高度。

2013年,黄建平基于二维图像测量和三维结构光技术提出了一种可获得三维深度信息的路面裂缝检测方法,并配套开发了相应的数据采集硬件和后处理程序。该路面裂缝识别方法基于路面二维图像的互补性和结构光的三维信息,提高了路面裂缝的识别率,减少了道路修复痕迹、油污、轮胎印痕、阴影、不均匀照明等干扰因素对系统识别的影响。

2015年,李涛涛等将线结构光和地质雷达相结合,研发了一套新型道路综合检测系统。该系统用线结构光获取路面的三维信息,构建三维模型,用于路面检测。通过激光雷达探测路基的浅层地质构造,获取雷达图谱信息,用于检测路基。最终将获取的路面三维信息和路基雷达图谱信息融合起来,构建全面的道路信息模型。该系统实现了路面和路基的同步、无损检测,获得的道路信息更为全面。

2017年,贺安之研发了一套基于激光标线扫描的断面平整度检测系统,可更为全面地反映路面的深度信息。该系统将激光标线投射到被测路面上并采集图像,之后通过对比采集的激光标线图像与基准线的激光标线图像并统一坐标后获取路面纵断面的高程曲线。由于该系统通过扫描断面获取点云数据,因此,不再需要修正激光器承载平台在移动过程中的振动位移,也无须对激光器承载平台的速度进行限制,可以在极快或极慢的速度下进行测量。

近年来,随着技术的成熟,国内应用于路面检测的三维检测设备日益增多。下面介绍应用较为广泛的国内三维路面检测设备的情况。

武汉光谷卓越科技有限公司开发的智能三维道路检测系统,采用线扫描三维测量技术,使用三维测量相机结合线激光器采集路面断面数据,形成路面三维点云。相机与激光器夹角为 6°~10°，相机的采样频率约为 10kf/s，在 108km/h 的速度下，纵向采样间隔可以达到 3mm。在 50km/h 的速度下，纵向采样间隔可以到 1.5mm 以下，达到了二级设备的采样标准。垂直竖向测距综合精度优于 0.35mm，单点静态测距优于 1mm。该系统弥补了以前二维检测系统不能检测坑槽、拥包、裂缝深度等缺点，同时还具备受环境光、车辆行驶速度影响较小的优点。该系统比传统的二维检测识别率高、自动化程度高、识别清晰等。该设备已经量产 10 多台，在各地的检测中发挥了很大作用，其社会价值和经济价值明显。

中公高科养护科技股份有限公司在原有二维路面损坏检测系统的基础上，研发了 CICS 三维路面损坏检测系统，将二维系统和三维系统进行深度融合。系统单点测量精度在 0.1~0.4mm 之间，综合测量精度小于 0.4mm。水平和纵向分辨力均为 1mm。该系统可以全天候进行检测工作，不受自然光影响，提高了工作效率。对于坑槽、拥包、裂缝等路面损坏情况，也可以高效检测出来。通过系统融合，二维检测数据和三维检测数据可以相互验证、相互校准，提高自动化识别效率。

图 1-8 所示的道路三维扫描系统挂载道路检测车是道路三维快速巡检系统，为交通运输部公路科学研究院与山东科技大学、青岛秀山移动基于国家重点研发计划项目"道路设施状况智能联网检测预警"研制的装备。VSurs-E 道路三维快速巡检系统（简称 VSurs-E）以汽车为载体，集成了全球导航卫星系统（GNSS）、激光扫描仪（LS）、惯性测量单元（IMU）、全景相机（CCD）、工业相机等先进传感器，通过核心控制器有机协调各传感器的时间同步、运行响应、数据传输与存储，构成三维空间测量系统。

图 1-8　道路三维扫描系统挂载道路检测车

为了快速获取高精度点云数据，其选用高精度激光扫描仪 Z + F9012；为了获取全景图像数据以及真彩点云融合数据实现全场环境巡检，系统选用了全景相机 ladybug 5 +，同时添加高清工业相机以获取高清路面信息，使用组合导航系统 SPAN-ISA-100C 为系统提供精准定位。为了达到快速解算的目的，添加实时差分解算模块。结合道路病害巡检的相关标准规范，对系统进行设计、集成、标定、检校完成道路三维激光巡检系统，并定制开发数据采集与预处理软件。该设备在国内首次革命性地将二维和三维破损检测技术融合，在系统坐标系统内，二维图层和三维点云数据结合，将采集的二维图像中的坐标一一对应到三维的点云坐标中，通过三维数据快速查询道路三维情况，查找到坑槽、拥包等路面损坏，对应到二维图层，快速确认路面损坏的实际情况。通过二维图层，快速查找到裂缝、修补等情况，在对应三维系统中分析裂缝、修补的实际损坏程度。

　　上述设备均广泛地应用于路面检测，其检测里程已超过几十万公里，因此，激光三维检测设备的准确性研究显得尤为重要。

第 2 章

路面损伤指标检测要求及计量技术指标

截至2022年末，全国公路总里程528万km。随着公路网里程的增加、使用时间的延长、交通量的增大、大型货运车辆增多、超载严重等因素影响，路面在车辆荷载以及外界条件影响下病害频发。此外，由于路面施工、气候和天气影响，各种路面病害持续发展将加速路面结构的损坏，从而影响公路的整体性能、寿命与安全。

公路路面的病害多种多样，包括龟裂、块状裂缝、纵向裂缝、横向裂缝、沉降、车辙、波浪拥包、坑槽、松散、泛油多种形式。针对这些病害，交通建设、管理、养护、运维各个环节对上述病害的识别、诊断、允差等作出了规定。但各规范规定不尽相同，为了明确及后续更好地复现上述病害标准值，本章对公路路面主要病害（平整度、车辙、破损、构造、坑槽、拥包等）的定义及指标要求进行了梳理，并通过比较分析明确了需要计量的技术指标。

2.1 平整度

2.1.1 定义

路面平整度，也称为路面不平整度，一般指的是路面上导致行驶车辆颠簸的凹凸不平。由于对道路平整度的理解和关注点不同，道路的设计人员、施工人员、检测人员及使用人员对平整度使用不同的定义和评价指标，如颠簸累积值、最大间隙、标准差、功率谱密度、国际平整度指数（International Roughness Index，IRI）等，因此，对于平整度没有一个共性的定义。美国材料与试验协会（American Society for Testing and Materials，ASTM）定义道路平整度为"路面表面相对于理想平面的偏差，而这种偏差会影响到车辆动力特性、行驶质量、路面所受动荷载及排水"。世界银行46号报告定义道路平整度为"引起行驶车辆振动的表面高程变化"。我国交通运输行业标准《公路路基路面现场测试规程》（JTG 3450—2019）将平整度定义为"路面表面相对于理想平面的竖向偏差"，国家标准《多功能路况快速检测设备》（GB/T 26764—2011）将路面平整度定义为"路面上导致车辆颠簸的凹凸不平的现象"。

2.1.2 检测要求

鉴于路面平整度评价指标的重要性，我国交通运输行业标准《公路工程质量检验评

定标准　第一册　土建工程》(JTG F80/1—2017)、《公路技术状况评定标准》(JTG 5210—2018)、《公路养护技术规范》(JTG H10—2009)、《公路路基路面现场测试规程》(JTG 3450—2019)等都对平整度提出了严格要求。在《公路工程质量检验评定标准　第一册　土建工程》(JTG F80/1—2017)中,平整度采用的是标准差、IRI 和最大间隙三项指标。在《公路技术状况评定标准》(JTG 5210—2018)和《公路养护技术规范》(JTG H10—2009)中,路面平整度自动化检测采用的是国际平整度指数(IRI)这项指标。

最大间隙通常采用 3m 直尺测量(图 2-1),测量时根据需要确定方向,将 3m 直尺摆在测试地点的路面(或者桥面)上目测 3m 直尺底面与路面(或者桥面)的间隙情况,确定最大间隙的位置,用有高度标线的塞尺塞进间隙处,量测其最大间隙的高度。该方法在路基施工控制、路面接缝以及短跨度桥面铺装检测中较为常用,测量工具简单,量值溯源途径也非常明确。但是,该指标所反映的影响行车的波长范围最大值也仅为 3m,在路面平整度评价中受到局限。

图 2-1　利用 3m 直尺检测路面平整度

除 3m 直尺需要人工测量以外,其他高效自动化平整度测量系统按其对道路纵断面测试的直接程度及精确度又分为反应类平整度测试系统和纵断面平整度测试系统。反应类平整度测试系统是通过测量车辆在路面上通行时车轴与车身之间的垂直位移或车身的加速度作为其对路面不平整度的反应值,其测试结果与车辆的动态性能有关,因而具有时间不稳定、不易于转换、难以进行比较等固有特征。纵断面平整度测试系统是通过测量路面纵向断面高程值,直接计算出国际平整度指数(IRI)表征路面的平整度,如激光断面测试仪、超声波断面测试仪、惯性断面仪(APL)纵断面分析仪、多轮式平整度测试仪等,这类测试系统要求采样间隔不超 250mm,传感器测距允许误差为 1mm,达不到要求的,则应视为反应类测试系统。

标准差的标准测量采用连续式平整度仪,也称为八轮仪(图 2-2)。该指标仅用于路面平整度的评价,但不适用于在已有较多坑槽、破损严重的路面上测定。标准差测量传感器安装在机架中间,可以是能起落的测定轮,或非接触式位移传感器,如激光或超声位移测量传感器。牵引连续式平整度仪行进要保持匀速,速度宜为5km/h,最大不得超过12km/h。以100m为一个计算区间,每隔一定距离(自动采集间距为10cm)采集路面凹凸偏差位移值(mm),根据此偏差位移值计算标准差 σ。该指标在我国行业标准中使用的时间较长。一些自动化类型的平整度检测设备,如车载式颠簸累积仪(图2-3)等,都是采用数据相关的方式,将设备直接采集的数据与标准差 σ 建立起相关关系进行使用。

图2-2　连续式平整度仪

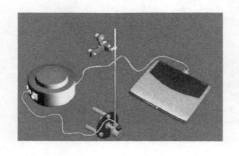 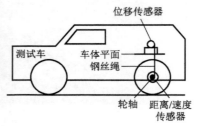

图2-3　车载式颠簸累积仪原理图

测量国际平整度指数(IRI)的标准方法是水准测量方法。工程实际应用车载式路面激光平整度仪(图2-4)检测路面平整度,此类设备适用于在新、改建路面工程质量验收和无严重坑槽、车辙等病害的通车运营路面的平整度性能评价项目中,各类车载式激光平整度仪在路面没有积水、积雪、泥浆等标准条件下连续采集路段的平整度数据。测量过程宜选择在50~80km/h之间,避免急加速和急减速,急弯路段应放慢车速,沿正常行车轨迹检测。

另外,《公路工程质量检验评定标准　第一册　土建工程》(JTG F80/1—2017)对平整度检测的允差作出了规定。《城镇道路养护技术规范》(CJJ 36—2016)第4.3.6条建议平整度的常规检测宜采用激光平整度仪等检测设备。

图 2-4　激光平整度仪测量车

《公路路基路面现场测试规程》(JTG 3450—2019)明确建议平整度测量采用激光平整度仪,并应以 100m 为计算区间长度用 IRI 的标准计算程序计算国际平整度指数(IRI)值,以 m/km 计,保留 2 位小数。

《低等级农村公路技术状况评定指南》第 5.3.8 条指出,路面平整度的自动化检测应满足下列要求:

(1)自动化检测设备可采用断面类或反应类等,其测值应与国际平整度指数(IRI)具有有效相关关系,相关系数不应小于 0.9。

(2)应每 10m 计算 1 个国际平整度指数(IRI)值。

2.1.3　计量技术指标

从上述分析不难看出,因检测中对国际平整度指数 IRI 有明确的技术要求,因此,三维平整度检测设备至少要对 IRI 的示值误差进行计量。

2.2　车辙

2.2.1　定义

车辙是指车辆在路面上行驶后留下的车轮的压痕,现代路面车辙是路面周期性评价及路面养护中的一个重要指标。路面车辙深度直接反映了车辆行驶的舒适度及路面的安全性和使用期限。路面车辙深度的检测能为决策者提供重要的信息,使决策者能为路面的维护、养护及翻修等作出优化决策。我国涉及路面车辙定义的标准主要有两个:一是《公路工程名词术语》(JTJ 002—1987)将其定义为"在路面上沿行车轮迹产生的纵向带状凹槽";二是《公路路基路面现场测试规程》(JTG 3450—2019)将其定义为"路面经汽车反复行驶产生流动变形、磨损、沉陷后,在行车轨迹上产生的纵向带状辙槽"。常以路面横断面最大辙槽深度衡量车辙大小,以毫米(mm)计。

我国的车辙类型大概为如下4种。

(1)磨耗型车辙:在交通车辆轮胎磨耗和环境条件的综合作用下,路面磨损,面层内集料颗粒逐渐脱落;在冬季路面铺撒防滑料(如砂)时,磨损型车辙会加速发展。

(2)结构型车辙:这类车辙主要是基层等路面结构层或路基强度不足,在交通荷载反复作用下产生向下的永久变形,作用或反射于路面。

(3)失稳型车辙:绝大多数车辙是由于在交通荷载产生的剪切应力作用下,路面材料失稳,凹陷和横向位移形成的。此类车辙的外观特点是沿车辙两侧可见混合料失稳横向蠕变位移形成的凸缘。失稳型车辙一般出现于车辆轮迹的区域内,当经碾压的路面材料的强度不足以抵抗交通荷载作用于它上面的应力,特别是重载车辆高频率通过,路面反复承受高频重载时,极易产生此类车辙。此外,在高速公路的进出口、收费站或一般公路的交叉路口等减速或缓行区,这类车辙也较为严重。因为这些地区车速较低,交通荷载对路面的作用时间较长,易于引起路面材料失稳,横向位移和永久变形。

(4)压密型车辙:碾压不足,开放交通后被车辆压密而形成车辙。不过这类车辙如果是由于路面施工质量控制不严造成的非正常病害,一般在讨论车辙时,多不考虑。

2.2.2 检测要求

对于车辙的测定方法,各国不尽相同(表2-1),早期最基本的原理是用直尺架在车道上测定直尺与车辙底部的距离,但直尺长度又不一致,如美国国家公路与运输协会(AASHTO)《路面设计指南》以前规定用1.2m直尺。其后,美国战略公路研究计划长期路面使用性能(SHRP-LTPP)项目统一规定:除以前已使用1.2m直尺观测的路面需要继续用1.2m直尺观测外,所有路面都应采用一个车道宽度的直尺观测。日本一直规定用一个车道宽度的直尺。如果一个车道的车辙是W形,轮迹集中,则两种方法测定的结果可能没有差别,但如果车辙不是W形而是U形,或者虽然是W形而中间鼓出得少两边鼓出得多,则一个车辙的宽度大于2m,用1.2m或2m直尺就不能量出最大车辙深度。

国外车辙的测定方法   表 2-1

国　　家	仪器名称	方　　法	测定间隔(m)
美国 (AASHTO) (1987)	1.2m 直尺	直尺中最大垂直变形	7
美国 (SHRPLTPP)	车道全宽直尺自动测定车	直尺中最大垂直变形	30.5
瑞典	自动测定车(激光)	测定横断面用直尺法(一车道宽度),决定最大垂直变形	5
英国	自动测定车(HRM)	后轴中部一个激光器测定与路面的距离,将其与平地上的距离作为车辙	10
美国 (南达科他州)	SDDOT 横断面仪	超声波测距仪在两侧轮中及后轴中央测三点与路面距离(h_1、h_2、h_3),车辙由 $(h_1+h_3-h_2)/2$ 得到	15
日本	横断面仪自动测定车 直尺法、全宽拉线法 (全宽)	测定横断面后决定最大垂直变形	20

我国在车辙测量方法上一般分为两类:第一类为人工检测,即用检测横杆横跨在车辙上部,并用尺量出横杆与车辙底部的间距。采用这种方法的效率极低,并只能随机抽样检测路面车辙深度。第二类为自动检测,即采用路面车辙自动测定车自动检测路面车辙深度。方法就是利用横向布置的一排激光、超声、红外或其他非接触式位移传感器来快速连续测定路面车辙深度。其原理是在检测车的前端上安装配有非接触式位移传感器的横梁,并把传感器同车内的计算机相连,通过计算机对传感器测得的数据进行自动处理,以获得路面车辙深度指标。随着公路建设的发展,路面车辙深度的自动检测将成为主要的检测方法,也将是路面施工、验收、养护、评价和管理部门必备的仪器。我国沥青路面车辙的测试方法主要依据《公路路基路面现场测试规程》(JTG 3450—2019)。

结合我国实际情况,除少数高速公路或城市道路主干线分道行驶非常严格者车辙宽度较窄外,大多数二级以下公路车辙均比较宽,有些呈 U 形。因此,《公路路基路面现场测试规程》(JTG 3450—2019)中将不同形状及不同程度的车辙横断面作了概括,如图 2-5 所示。由于造成车辙的原因不同(沥青混合料推挤流动、压密、路基压实、沉降)以及车轮横向分布的不同,车辙形状是不同的。

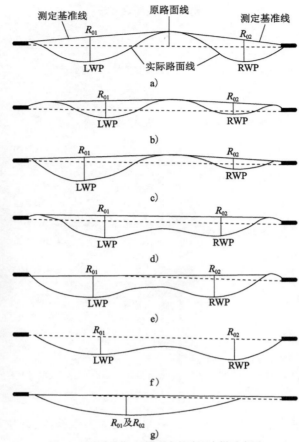

图 2-5 不同形状、不同程度的路面车辙示意图

注:LWP、RWP 分别表示左轮迹带及右轮迹带,R_{01}、R_{02} 表示左轮迹带、右轮迹带车辙深度。

表 2-2 列出了一些规范规定的车载式激光车辙仪应满足的检测要求。

车载式激光车辙仪应满足的检测要求　　　表 2-2

序号	标准/规范名称	横向测试宽度(m)	纵向采样间距(m)
1	《多功能路况快速检测设备》 (GB/T 26764—2011)	≥3.5	≤0.2,建议采用0.1
2	《公路路面技术状况自动化检测规程》 (JTG/T E61—2014)	≥3.5	宜采用0.1,不应大于0.2
3	《公路技术状况评定标准》 (JTG 5210—2018)	—	计算长度为10

2.2.3 计量技术指标

由上述分析可知,三维车辙需计量的技术指标应至少包括横向测试宽度、纵向采样间距、最大车辙深度示值误差。

2.3 构造深度

2.3.1 定义

我国涉及路面构造深度定义的标准主要有3个：一是《公路工程名词术语》(JTJ 002—87)中关于路面粗糙度和铺砂法的描述，即铺砂法是指测定路面表面粒料之间的平均构造深度，用以表示路面的粗糙程度。二是《公路路基路面现场测试规程》(JTG 3450—2019)中定义构造深度为路表面开口空隙的平均深度，即宏观纹理深度 TD，以毫米(mm)计。三是《多功能路况快速检测设备》(GB/T 26764—2011)中定义路面构造深度为路面表面集料间形成的空隙深度。对于车载式激光构造仪，构造深度(SMTD)是以基准长度300mm计算激光法测得的区域内路表面开口空隙深度的平均深度，以毫米(mm)计。

2.3.2 检测要求

从路面构造深度的描述中可以看出，路面构造深度不是一个能通过简单测量进行量化的技术指标。国际上关于路面构造深度的测量技术主要有两大类，一类是以铺砂法为代表的接触式测量方法，另一类是以激光测距法为代表的非接触式测量方法。两类方法表面上都是以路面构造深度为测量对象，但实际代表的物理意义不同。

铺砂法基于体积置换原理，此方法原理简单，但是受人为因素和天气影响较大，不宜在潮湿的天气下测量，只能以抽样的形式测量，重现性差，速度慢，效率低且测量精度不高；激光测距法是以路面波谱理论为基础，是通过极密间距的断面高程测量，采用一定的数学模型计算转换得到路面构造深度，其典型代表仪器为车载式路面激光构造深度仪。

激光构造仪测量构造深度，相对铺砂法速度快、效率高且能获取数据，但是只能测定沥青路面干燥表面的构造深度；由于运用的是点激光作为光源，因此获得的数据为间断的、不连续的，需要通过拟合获得测量路线的真实数据，不能恢复路面的三维图像。

《公路路基路面现场测试规程》(JTG 3450—2019)指出,目前激光构造深度测试仪的测试结果有 SMTD、MPD、MTD 等几种不同算法,相当一部分进口设备的直接输出结果并不是我国规定采用的 SMTD 算法,故使用单位在设备的招标和采购过程中应要求销售商提供 SMTD 计算结果。另在数据处理中规定,车载式激光构造深度仪应计算每一个测试路段构造深度的平均值、标准差及变异系数。

按照《公路沥青路面设计规范》(JTG D50—2017),沥青路面的构造深度 TD 与降雨量相关。高速公路、一级公路以及山岭重丘区二级和三级公路的路面在交工验收时,其抗滑技术指标应满足:年平均降雨量在 >1000mm、500~1000mm、250~500mm 的范围内,构造深度 TD(铺砂法)分别为不小于 0.55mm、不小于 0.50mm、不小于 0.45mm。

水泥混凝土的构造深度要求主要体现在《公路工程质量检验评定标准 第一册 土建工程》(JTG F80/1—2017)中,规定构造深度并不是越大越好,因此"对高速公路、一级公路:一般路段不小于 0.7 且不大于 1.1,特殊路段不小于 0.8 且不大于 1.2;其他公路:一般路段不小于 0.5 且不大于 1.0,特殊路段不小于 0.6 且不大于 1.1。"

在养护阶段,《公路状况技术评定标准》(JTG 5210—2018)中构造深度用以检测路面磨耗值,采用断面类检测设备,检测车道的左轮迹带、右轮迹带和无磨损的车道中线,检测指标为路面构造深度 MPD(此处应为 SMTD),每 10m 计算 1 个统计值。

2.3.3 计量技术指标

从上述各技术规范要求中可以看出,构造深度不同规范的计算方式是不同的,但需要计量的技术指标一般都应为构造深度示值误差。

2.4 裂缝

2.4.1 定义

裂缝是路面损坏类型的一种,依据《公路技术状况评定标准》(JTG 5210—2018),按照裂缝的方向和裂缝块度,一般分为横向裂缝、纵向裂缝、龟裂裂缝和块状裂缝(图 2-6~图 2-10)。裂缝定义见表 2-3。

图 2-6　路面裂缝

图 2-7　横向裂缝，垂直于行车方向

图 2-8　纵向裂缝（平行于行车方向）

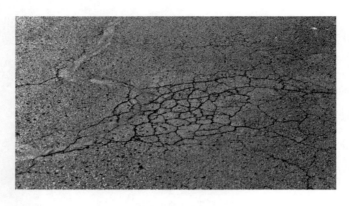

图 2-9　龟裂裂缝

图 2-10　块状裂缝

裂 缝 定 义　　　　　　　　　　　　　　　表 2-3

类　别	描　述
横向裂缝	路面上与形成方向基本垂直的裂缝
纵向裂缝	路面上与行车方向基本平行的裂缝
龟裂裂缝	主要裂缝块度小于 0.5m 的网状裂缝
块状裂缝	主要裂缝块度大于 0.5m 的网状裂缝

2.4.2　检测要求

1）检测指标

我国行业标准《公路技术状况评定标准》(JTG 5210—2018)、《公路路基路面现场测试规程》(JTG 3450—2019)、《公路养护技术规范》(JTG H10—2009)、《城镇道路养护技术规范》(CJJ 36—2016)等都对裂缝有相关规定。在实际工作中,路面裂缝的检测指标是裂缝宽度、面积两项。目前激光三维测量方法正在快速发展,增加了一项裂缝深度参数指标,但裂缝深度参数指标检测目前还未在国内大区域实行。

对于裂缝宽度指标,不同裂缝类型对于裂缝宽度的要求也不相同。在《公路技术状况评定标准》(JTG 5210—2018)中,裂缝宽度是判别裂缝损坏轻重程度的直接指标。

(1)沥青路面。

①横向裂缝:当主要裂缝宽度小于或等于3mm时,为轻度;当主要裂缝宽度大于3mm时,为重度。

②纵向裂缝:当主要裂缝宽度小于或等于3mm时,为轻度;当主要裂缝宽度大于3mm时,为重度。

③龟裂裂缝:主要裂缝块度在0.2~0.5m之间,平均裂缝宽度小于2mm时,为轻度;主要裂缝块度小于0.2m时,平均裂缝宽度在2~5mm之间时,为中度;主要裂缝块度小于0.2m,平均裂缝宽度大于5mm时,为重度。

④块状裂缝:主要裂缝块度大于1.0m,平均裂缝宽度在1~2mm之间时,为轻度;主要裂缝块度在0.5~1.0m之间,平均裂缝宽度大于2mm时,为重度。

(2)水泥混凝土路面。

①裂缝(即只有一条裂缝的情况):主要裂缝宽度小于3mm,且一般为未贯通裂缝时,为轻度;主要裂缝在3~10mm之间时,为中度;主要裂缝宽度大于10mm,为重度。

②板角断裂(裂缝与纵横接缝相交):主要裂缝宽度小于3mm时,为轻度;主要裂缝宽度在3~10mm之间时,为中度;主要裂缝宽度大于10mm时,为重度。

对于裂缝面积指标,沥青路面和混凝土路面的裂缝面积范围定义大致相同。依据《公路路基路面现场测试规程》(JTG 3450—2019),块状裂缝和龟裂裂缝,裂缝面积为按照矩形测量其横断面切向和垂直方向最外边的长度和宽度,矩形应覆盖该处损坏面积;纵向裂缝和横向裂缝的裂缝面积为裂缝长度乘以影响宽度(沥青路面为0.2m,水泥混凝土路面为1.0m)。

《城镇道路养护技术规范》(CJJ 36—2016)也对路面裂缝的类别与判定作了相关说明,现将相关内容列于表2-4中。

城镇道路养护技术规范路面裂缝类别与判定　　　　　表2-4

类　别		判　别　界　定	计　算　方　法
沥青路面	条形裂缝/线裂	裂缝长度大于或等于1m,宽度大于或等于3mm的单根/条裂缝,包括横缝、纵缝以及斜缝等	按裂缝长(m)×0.2(m)计量

续上表

类 别		判 别 界 定	计 算 方 法
沥青路面	块状裂缝/网裂	缝宽1mm以上或缝距0.4m以下,面积在1m^2以上的网状裂缝;在路面上出现的长度1m以上、缝宽1mm以上的单条裂缝或深度在5mm以上的划痕也应纳入网裂中,数量按单缝累计长度乘以0.2m计	按一边平行于道路中心线的外接矩形面积计量
	龟裂	缝宽3mm以上且多数缝距100mm以内,面积在1m^2以上的块状不规则裂缝	开裂成网格状,外围面积小于或等于1m^2不计,并框面积不计。按其外边界长(m)×宽(m)计量
水泥混凝土路面	裂缝	面板内长度1m以上的各种开裂。轻微裂缝宽度小于2mm,无剥落;中等裂缝宽度1~5mm,并有轻度剥落;严重裂缝宽度大于5mm,并有严重剥落和沉陷。接缝边有长0.5m、宽度50mm以上剥落时,也作为严重裂缝计算	按裂缝长(m)×0.2(m)计量
	板角断裂	裂缝与横纵缝相交将板角切断,当其两个交点距角隅均大于150mm,或边长一半有沉陷或碎裂时,按板角断裂部分计算面积	按板角到裂缝两端的距离乘积计量
	严重破损板	裂缝将整块面板分割开并有严重剥落或沉陷。撕裂面积小于半块按半块计面积,大于半块按一块计面积	按其外边界长(m)×宽(m)计量

2)检测方法

对于裂缝宽度和裂缝面积,可以采用人工法或自动化检测法进行检测。

目前只有《公路路基路面现场测试规程》(JTG 3450—2019)对人工法进行了规定:人工法需要配备量尺(钢卷尺和钢直尺)和其他必要工具(如粉笔或油漆、安全标志等)。

采用人工法测量时,裂缝宽度按照该条裂缝宽度最大值计,宽度准确到1mm;裂缝缝长按照沿裂缝走向累计长度计算,结果准确到0.01m。裂缝面积结果应准确至0.0001m^2。人工法测量路面裂缝示意图如图2-11所示。

依据《公路路面技术状况自动化检测规程》(JTG/T E61—2014),路面裂缝自动化检测方法主要分三类:①视觉图像检测法;②路面轮廓检

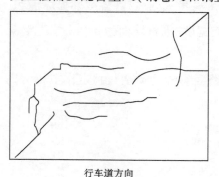

图2-11 人工法测量路面裂缝示意图

测法;③超声波检测法。目前,路面裂缝自动检测多采用技术较为成熟的视觉图像检测法。在采用自动化检测时,要先调整摄像系统和光源的相关参数,随后设定检测速度,检测路段路面裂缝图像数据,最后用自动化识别及计算软件进行数据输出。目前国内市场上大部分的自动化检测设备的裂缝检出率能达到90%,但是部分设备仍需人工识别保证裂缝识别准确率。

3)自动化检测设备的要求

对于路面裂缝自动化检测方法,《公路路基路面现场测试规程》(JTG 3450—2019)、《车载式路面损坏视频检测系统》(JTT 678—2019)、《功能路况检测设备》(GB/T 26764—2011)和《公路路面技术状况自动化检测规程》(JTG/T E61—2014)均对检测设备提出了相应要求。相关信息对比见表2-5。同时,《城镇道路养护技术规范》(CJJ 36—2016)第4.3.6条建议路面损坏检测设备宜采用路况摄像仪等设备。

四类规范对自动化检测设备的要求　　　　　　　　　　表2-5

项目	《公路路基路面现场测试规程》(JTG 3450—2019)	《车载式路面损坏视频检测系统》(JT/T 678—2019)	《多功能路况检测设备》(GB/T 26764—2011)	《公路路面技术状况自动化检测规程》(JTG/T E61—2014)
距离传感器标定误差	<0.1%	±0.1%	不大于0.1%	—
有效测试宽度	不小于一个车道宽度的70%	不小于2.60m	不低于车道宽度的70%	≥2.60m
最小裂缝分辨宽度	1mm	1.0mm	能分辨1.0mm以上裂缝	≤1.0mm
裂缝识别的准确率	≥90%	—	90%以上	≥90%
测量误差	—	长度:不大于5%;面积:±10%	—	—

2.4.3　计量技术指标

从上述各技术规范要求中可以看出,裂缝需计量的技术指标主要包括裂缝宽度示值误差、裂缝面积示值误差,根据裂缝形式的不同,龟裂裂缝和条形裂缝需要计量的侧重点有所不同:龟裂裂缝至少应计量面积示值误差,条形裂缝至少应计量面积示值误差、宽度示值误差。因为裂缝的自动化识别是基于图像采集和识别,裂缝深度及形式会对裂缝宽度成像造成光影影响,因此,三维检测设备在技术允许的情况下应对裂缝深度进行补充计量,消除深度和裂缝开口形式不同对裂缝宽度识别造成的干扰。

2.5 路面拥包

2.5.1 定义

拥包是沥青面层因受行车推挤而形成局部隆起的现象,如图 2-12 所示。

图 2-12 拥包

根据路面受力的方向,拥包大致分成两种类型:

(1)路面层受到轮胎的侧向挤压,向行车道两侧聚集,形成拥包,此类拥包一般出现在车辙轮迹的两侧位置,如图 2-13 所示。

图 2-13 行车道侧向受到挤压形成的拥包

(2)路面层受到行驶方向的挤压,形成向前的聚集形态,形成拥包,如图 2-14 所示。此类拥包类似"搓板"。

图 2-14　受到向前的挤压形成的"搓板"类拥包

2.5.2　检测要求

对于拥包的损坏程度,目前国内外标准并没有统一。

在国外,美国佐治亚交通厅 *Pavement Condition Evaluation System* 根据拥包路段的行车舒适程度将拥包分为 3 个严重等级,并以整个拥包路段中长度占比较大的严重等级为评价标准。

我国《公路技术状况评定标准》(JTG 5210—2018)规定,波浪拥包按面积计算,损坏程度分为轻度和重度两个等级,其中波峰波谷高差在 10～25mm 之间的为轻度,波峰波谷大于 25mm 的为重度。

《公路路基路面现场测试规程》(JTG 3450—2019)中,路面表观损坏测试方法(T0974—2019)提及了两种测试方法进行评价路面技术状况,分为人工法和视频法。

人工法测量波浪拥包,主要测量其面积。按照矩形量测其横断面切向和垂直方向最外边的长度和宽度,矩形应覆盖该出损坏面积,调查结果精确至 0.0001m²。矩形外框如图 2-15 所示。

图 2-15　外侧矩形边框为测量边框

图像视频测试方法主要采用视频法自动测试和人工交互的方式处理路面损坏。

(1)拥包的主要测量指标为面积。

(2)拥包按照损坏程度有下列评判指标:

①轻度为波峰波谷高差在 10～15mm 之间;

②重度为波峰波谷高差大于 25mm。

2.5.3 计量技术指标

从上述各技术规范要求中可以看出,不同规范对拥包技术要求并不完全相同,但普遍关心的技术指标为拥包面积、波峰波谷高差。因此,拥包的计量技术指标应至少包括拥包面积示值误差、拥包高度示值误差。

2.6 坑槽

2.6.1 定义

坑槽是指在行车作用下,路面集料局部脱落而产生的坑洼,是沥青路面易发多发的常见病害,影响行车安全性、舒适性和路容路貌,如图 2-16 所示。

图 2-16　路面坑槽俯视图

按照坑槽产生的部位,可以将坑槽分成 4 种破损类型:

(1)表面层产生坑槽。主要成因是沥青路面表面的水进入并滞留在表面层,在荷载的重复作用下,使沥青胶结料剥落,形成坑槽。

(2)表面层和中面层同时产生坑槽。主要成因是降水时间较长或路表有积水,渗入中面层,在荷载作用下使沥青从集料上剥落,导致沥青混合料强度降低,路面变形形成坑槽。

(3)地面层和基层间产生坑槽。主要成因是路表水透过沥青面层滞留在底面层和基层之间,在大量高速行驶荷载作用下,自由水产生很大压力冲刷基层混合料,形成灰浆,灰浆通过裂缝压挤到路面,反复循环,形成坑槽。此类坑槽通常深度都大于10cm,且大多数出现在荷载较大的行车道上或重载车辆较多的公路上。

(4)刚性组合式路面及桥面上产生坑槽。主要成因是沥青面层和水泥混凝土板之间的黏附性未处理好,路表水透过沥青面层滞留在水泥混凝土板上,在荷载作用下产生唧水压力,使二者出现分层,在行驶荷载水平推力作用下出现剥落和脱皮,最终产生坑槽。

2.6.2 检测要求

(1)属于其他类损坏,包括龟裂、块状裂缝、坑槽、沉陷、波浪拥抱、松散、泛油、修补等,主要是测量其面积。按照矩形量测其横断面切向和垂直方向最外边的长度和宽度,矩形应覆盖该处损坏面积,调查结果精确至 $0.0001m^2$。

(2)按面积计算,损坏程度应按下列标准判断:

①轻度应为坑槽深度小于25mm,或面积小于 $0.1m^2$;

②重度应为坑槽深度大于或等于25mm,或面积大于或等于 $0.1m^2$。

2.6.3 计量的技术指标

从上述各技术规范要求中可以看出,坑槽的技术指标应至少包括坑槽面积示值误差、坑槽深度示值误差。

2.7 沉陷

2.7.1 定义

沉陷是路基压实度不够或构造物地基土质不良,在水、荷载等因素作用下产生的不均匀的竖向变形,如图 2-17 所示。

基于路基、路面产生竖向变形而导致路面下沉的现象,沉陷通常有三种类型:

(1)匀沉陷。主要成因是由于路基、路面在自然因素和行车作用下,达到进一步密实和稳定引起的沉落,一般不会引起路面破坏。

(2)不均匀沉陷。主要成因是由于路基、路面不密实,碾压不均匀,在水的侵蚀下,经行车作用引起变形。

(3)局部沉陷。主要成因是由于路基局部填筑不密实或路基有墓穴、枯井、树坑、沟槽等,当受到水的侵蚀而沉陷,如图 2-18 所示。

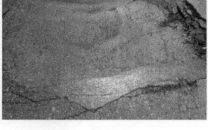

图 2-17　路面沉陷　　　　　　　　图 2-18　局部沉陷

2.7.2　检测

沉陷应为路面的局部下沉,应按面积计算损坏程度应按下列标准判断:
(1)轻度应为沉陷深度在 10～25mm 之间,行车无明显颠簸感。
(2)重度应为沉陷深度大于 25mm,行车有明显颠簸感。

2.7.3　计量的技术指标

从上述各技术要求中可以看出,沉陷的技术指标应至少包括沉陷深度示值误差,但从沉陷的形态可知,其多为定性并不宜定量判别,因此很难实现计量。

公路需要检测的技术指标除路面平整度、路面车辙、路面构造深度、路面裂缝、坑槽、拥包、沉陷外,还有松散、泛油、修补、路面几何线形、路面 GNSS 定位、道路景观等,因为沉陷、松散、泛油、修补等为定性测量,无法实现后续的量值溯源,故不作为本书的研究对象。路面几何线形、路面 GNSS 定位、道路景观均为图像采集,目前无法实现激光三维的测量,因此也不作为本书的研究对象。坑槽和拥包具有反向相似性,故拥包的研究合并至坑槽中。所以,本书仅对平整度、车辙、构造深度、裂缝、坑槽的三维检测设备溯源进行研究。其中,平整度、车辙、构造深度、裂缝的二维检测技术及设备已经相当成熟,其设备计量已广泛开展,因此,上述四项指标的三维检测设备计量拟采用在现有计量技术基础上提出计量思路,并通过试验验证计量思路的可行性。作为本书的研究重点,将从坑槽量值复现、标准器制作、标准器适用性验证、量值溯源体系建立等方面进行深入的研究分析,以期实现坑槽三维检测设备的有效计量。

本书技术路线如图 2-19 所示。

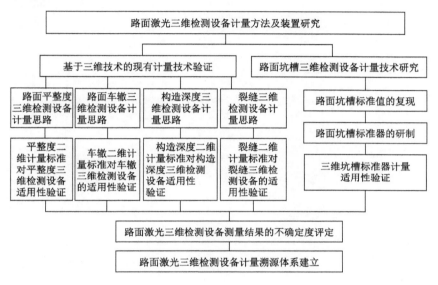

图 2-19　本书技术路线

第 3 章

激光三维检测设备计量

3.1 路面平整度三维检测设备计量

3.1.1 路面平整度二维检测设备与三维检测设备的比较

国际平整度指数（IRI）是国内行业标准《公路技术状况评定标准》（JTG 5210—2018）、《公路养护技术规范》（JTG H10—2009）、《公路工程质量检验评定标准 第一册 土建工程》（JTG F80/1—2017）、《公路路基路面现场测试规程》（JTG 3450—2019）中路面平整度自动化检测采用的指标。激光平整度仪是应用激光测距及加速度惯性修正技术检测纵断面高程并计算国际平整度指数（IRI）的设备，主要由激光测距系统、纵向测距传感器和计算机处理系统等部分组成，如图3-1所示。

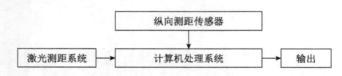

图3-1　激光平整度仪组成示意图

目前国内用于道路检测的二维激光平整度仪主要分为单头式和双头式。单头式激光平整度仪的测距激光安装在车辆左侧或者右侧轮迹带上方位置，双头式激光平整度仪的测距激光器安装在车辆两侧的轮迹带上方位置。二维单头式激光平整度仪原理如图3-2所示。

显然，无论单头式或双头式激光平整度仪，测量的均是车辆轮迹带上的纵断面高程数据，即车辆轮迹带上的路面平整度指数。路面其他位置的纵断面数据不能检测，或者不能一次性检测完毕，检测结果不能全面体现路面的平整度状况。随着全幅道路养护需求的不断增加，路面激光平整度仪的缺点逐渐显现。面域扫描的超高速线激光快速发展，解决了道路领域的路面三维重构模型的技术难题，并提出激光三维曲面模型的平整度

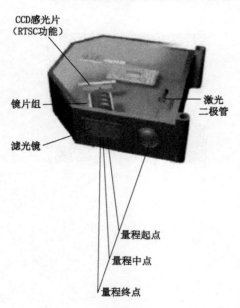

图3-2　二维激光平整度仪工作原理

计算方法。

三维路面平整度仪与二维路面平整度仪一致,主要由激光测距系统、纵向测距传感器和计算机处理系统等部分组成。三维路面平整度仪与二维路面平整度仪水平激光测距系统工作原理相同,其差异主要存在于垂直方向,如图3-3所示。

图3-3　三维激光平整度仪

采集三维激光平整度仪垂直方向数据的设备主要有两类,分别是线结构光激光器和点激光扫描器。

使用线结构光激光器采集路面三维信息的原理如下:线结构光激光器垂直于地面发射一条激光线,与垂线8°夹角的采集相机采集地面激光线的图像信息。因为地面凹凸不平,激光线也会凹凸不平。采集相机上面的激光线成像影响实际反映这种激光线的凹凸不同。采集系统根据相机上面像素的位置、相机夹角及相机安装高度计算出地面上的激光线的高程信息和宽度信息。三维平整度检测车在行驶过程中,每隔2mm或5mm采集一条路面高程信息,它可以采集道路路面的全部高程信息,形成路面的点云高程信息,如图3-4所示。在后期数据处理时,将点云信息输入平整度算法中,即可计算路面上每一条纵断面的平整度值。

图3-4　线结构光激光器采集路面信息

点激光扫描器采集路面信息的原理如下：进行路面三维平整度检测时，点激光扫描器发射一束激光，激光镜头以 2 万 r/s 的转速将光束发射到垂直于地面的 360°的空间内，采集设备车辆以一定的速度沿道路行驶，激光点沿着道路形成一个圆形空间。采集相机采集照射到路面上点，计算路面上点的位置信息，形成路面上的三维点云信息，如图 3-5 所示。在后期数据处理时，将点云信息输入平整度算法中，即可计算路面上每一条纵断面的平整度值。

图 3-5　点激光扫描器扫描路面点云信息图

基于上述工作原理变化，相较二维激光平整度仪，三维激光平整度仪具有以下优点：①全幅道路平整度检测。三维激光检测宽度可以达到 4m，完全覆盖标准道路的 3.75m 路宽，可以进行全幅路面平整度检测，实现道路任意纵断面的测量，为交竣工验收、后期道路养护决策提供更精准的道路状况数据。②检测数据以三维点云形式或者深度转灰度图像形式储存便于现场或者后期查看，以直观形式查看路面平整度情况。③数据储存格式统一，便于交通检测、监督监管部门的统一管理，便于后期道路路面状况平台的搭建。

3.1.2　路面平整度二维检测设备的计量方法

二维车载式激光平整度仪目前依据《车载式路面激光平整度检定规程》[JJG（交通）075—2010] 计量。计量技术指标要求如下：

(1) 激光测距传感器垂直测距示值误差：Ⅰ级，±0.5mm；Ⅱ级，±1mm。

(2) 纵向测距传感器误差：不大于 0.05%。

(3) IRI 测量重复性：变异系数 C_v 不大于 5%。

(4) IRI 测量相对误差：Ⅰ级，不大于 5%；Ⅱ级，不大于 15%。

计量方法主要采用标准试验路法（图 3-6），是根据计量项目所需要路段的 IRI 值，在平台道路不同位置布置不同厚度、不同数量的试验组块，实现高程变化，从而模拟道路不同 IRI 平整度水平。标准器主要包括全站仪、水准仪、标准量块、试验组块等。

图 3-6　基于标准路段路面的激光平整度仪计量方法

路面激光平整度仪检定装置可溯源至上一级计量标准，水准仪和全站仪可溯源至国家光电测距仪可检测中心的水准仪检定装置和全站仪检定装置，标准量块可溯源至中国计量科学研究院的一等量块标准装置，从而建立与国家基准的联系，形成量值溯源链。路面激光平整度仪量值溯源框图如图 3-7 所示。

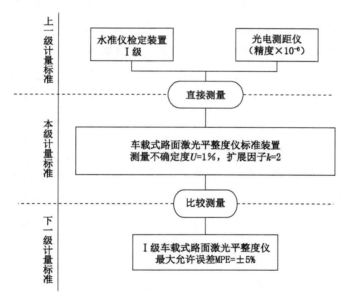

图 3-7　路面激光平整度仪量值溯源框图

3.1.3　路面平整度三维检测设备的计量

由 3.1.1 小节可知，激光式路面三维平整度仪相对于现有二维激光式平整度仪，最大的升级在于路面测距激光传感器由点激光升级成结构线激光，由原来对于一个点的数据采集升级成道路横断面数据的采集。其中，路面测距激光传感器的垂直示值误差这些记录性能要求可以删除,此处主要参考目前激光车辙仪(线激光)的检定/校准方法。激光车辙仪(线激光)检定/校准时,不进行线激光的垂直测距误差检定和校准。通过多年的激光车辙检校经验,线激光不进行垂直误差检校,在车辙检校结果中,不会产生明显结果差异。同时,线激光在阳光下目测不可见,需要用专用器具才能发现,这也增加了线激光的垂直检校的人力、物力和时间成本,因此,激光测距传感器的垂直测距误差可以不作为三维激光车辙仪的检校项目。

三维平整度检测设备的距离采集与二维并无区别,因此,纵向距离传感器的计量仍可沿用二维平整度检测设备的方法。

IRI 测量重复性可以测量,且没有变化,可以不用修改,直接使用。

IRI 测量相对误差,现有激光平整度仪要求为Ⅰ级,不大于 5%;Ⅱ级,不大于 15%。经过几年的发展,激光平整度仪在激光传感器、算法方面都有了长足进步。在近几年的检校数据统计中也发现,平整度的通过率在逐年上升,而且相对误差也在逐年下降,有 80% 以上的设备结果或者修正结果在 10% 以下。同时为了区别即将实行的农村公路平整度仪的计量性能要求,建议此项修改为Ⅰ级,不大于 5%;Ⅱ级,不大于 10%。

三维平整度检校相对二维平整度检校增加的项目如下:

(1)设备检测道路路面检测宽度。激光三维平整度是对整幅道路平整度的检测,因此,要对激光的测量宽度提出要求。高速公路车道的宽度要求为每车道不小于 3.75m,激光器如果全部覆盖车道,检测宽度不少于 3.8m。此项参数也符合现有的车载式激光车辙仪(线激光)最低检测宽度。

(2)激光平整度仪检定装置测量 IRI 轨迹带的数量及规定每条轮迹带的宽度。现有标准器检校的位置为两条轮迹带。对于三维激光平整度仪来说数量远远不够。增加 IRI 的检校轨迹带,同时还要考虑测量 IRI 的标准值所消耗的人力和物力成本。

3.2 路面车辙三维检测设备计量

3.2.1 路面激光三维检测与现有自动化检测技术的比较

路面车辙深度值是国内行业标准《公路技术状况评定标准》(JTG 5210—2018)、《公路养护技术规范》(JTG H10—2009)、《公路工程质量检验评定标准 第一册 土建工程》

(JTG F80/1—2017)、《公路路基路面现场测试规程》(JTG 3450—2019)中路面车辙自动化检测采用的指标。

激光车辙仪分为两类：第一类为应用激光测距技术直接测量路面横断面高程并计算路面车辙深度的设备，主要由激光测距传感器、纵向测距传感器和计算机处理系统等部分组成，如图3-8所示；这类设备也叫作点激光车辙测量仪，其工作原理如图3-9所示。第二类为应用激光、图像采集技术，通过对投射到路面上的激光线的变形计算路面车辙深度的设备，主要由激光光源、数字图像采集装置、纵向测距传感器和计算机数字图像处理系统等部分组成，如图3-10所示；这类设备也叫作线激光车辙测量仪，其工作原理如图3-11所示。

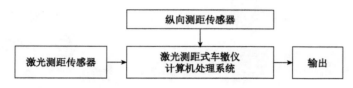

图3-8 应用激光测距技术的车辙深度测量仪组成

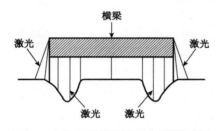

图3-9 点激光车辙测量仪工作原理示意图

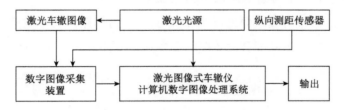

图3-10 应用激光、图像采集技术的车辙深度测量仪组成

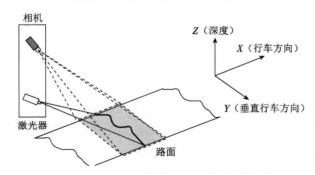

图3-11 线激光车辙测量仪工作原理示意图

显然,无论点激光或线激光,测量的均是在行车道行车轨迹上产生的纵向带状辙槽的横断面高程数据,即路面车辙深度。路面其他位置的纵断面数据不能检测,或者不能一次性检测完毕,检测结果不能全面地体现路面的车辙状况。随着全道路养护的需求,路面激光车辙仪的局限性逐渐显现。面域扫描的超高速线激光技术的快速发展,解决了道路领域的路面三维重构模型的技术难题,并提出激光三维曲面模型的车辙的计算方法。

三维路面车辙检测设备硬件组成如图 3-12 所示。

图 3-12　三维路面车辙检测设备硬件组成

三维车辙检测系统的原理是:通过将路面三维实体映射到由路面里程、横断面和检测路段相对高程组成的三维路面坐标系中,可以将路面的三维检测简化为横断面检测检测,如图 3-13 所示。由于检测车辆在检测过程中存在振动,因此,得到的每一个横断面有着不同的基准。通过对横断面进行线性修正,可以得到路面的车辙信息。通过在横断面检测基础上增加两路纵断面和无数横断面叠加,实现路面的三维重建。

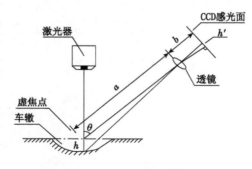

图 3-13　三维车辙检测系统原理图

二维车辙检测仪仅沿道路横向位置采集有限多的点,使得检测结果易受到检测车辆的偏移、车辙的宽度和形态变化影响,常常无法精确地获取车辙横断面的最高点和最低点,导致对车辙检测深度不准确。同时,在工程实践过程中发现,单一车辙深度指标所携带的车辙形貌特征的信息量非常有限,同一车辙深度可能对应若干种不同的横断面形态;分析现有车辙的单一深度检测数据无法全面、真实、准确反映路面与车辆作用的情况;无法建立评价指标与车辙破坏成因或损伤层位之间的相互关系,导致无法科学、准确地对车辙严重程度进行评价,使得养护决策过程带有很大的局限性。但是对于以上的问题,三维车辙检测仪均能够解决,因为三维车辙检测仪可以采集到足够多的高密度、高精度的激光点云数据,可以准确、全面地表征车辙横断面形态,并在此基础上获得全幅道路的车辙三维形貌信息,对检测车辙病害、提高分析水平、推进养护管理的科学化和精细化建设都具有参考价值。

3.2.2 现有路面激光车辙计量方法

现有计量方法的计量器具有精密水准仪、试验道路(附组块)、辅助计量器具三部分。量值溯源传递框图如图 3-14 所示。

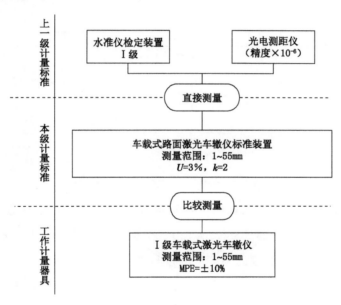

图 3-14 量值溯源传递框图

现有的车载式路面激光车辙仪计量方式主要依据交通运输部公路科学研究院编制的《车载式路面激光车辙仪检定规程》[JJG(交通) 076—2010]进行检定或校准。计量技术要求如下:

(1)横断面测试点垂直测距示值误差:Ⅰ级:±0.3mm,Ⅱ级:±1.0mm。

(2)纵向测距传感器误差:不大于 0.1%。

(3)车辙深度测量重复性:车辙深度在 0~50mm 之间时,变异系数 C_v 不大于5%。

(4)车辙深度误差:Ⅰ级激光车辙仪不大于10%,Ⅱ级激光车辙仪不大于15%。

激光车辙仪应具有有效的换算参数;横断面有效检测宽度不小于3.2m;断面采样点数量:Ⅰ级不少于17个,Ⅱ级不少于13个。

车辙深度的检定校准/校准方式分为标准试验路法和路段测试法。Ⅰ级激光车辙仪的检定/校准应采用标准试验路法。

(1)试验组块:纵向长度 L = 500mm ± 5mm,宽度 a = 600mm ± 5mm,厚度 h = 5~55mm,允许偏差 ±0.5mm。试验组块所用材料的线膨胀系数不超过 7.2×10^{-5}/℃。其横截面形状有以下三种,如图 3-15 所示。

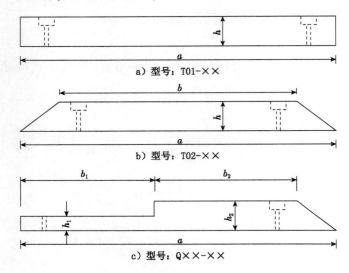

图 3-15 标准车辙试验组块横截面示意图

除《公路路基路面现场测试规程》(JTG 3450—2019)中"D"型车辙由两个车辙试验组块组成以外,其余每种车辙计算模型均由三个标准车辙试验组块组成,根据所需车辙深度的大小调整标准车辙试块的厚度及组合方式。

(2)平台道路:无交叉口直线,长度不小于400m,纵坡不大于0.5%,建议采用水泥混凝土路面。横断面宽不小于7m,分为服务和工作两个车道,路面横坡不大于1.5%,单侧路面横向平整性要求最大间隙不大于5mm,有明显轮迹标识线。

标准试验路法的试验步骤如下:

(1)试验组块在平台道路上每隔10m设一组,应覆盖《公路路基路面现场测试规程》(JTG 3450—2019)的7种车辙计算模型,断面数量不少于7个。用符合《车载式路面激光车辙仪检定规程》[JJG(交通)076—2010]要求的全站仪及水准仪测量试验组块中心断面的车辙深度作为车辙深度标准值。测量过程中,每隔 100mm 设置一个测点,测量过程中严格控制前视与后视(或者中视)的视距差。测试过程中,将水准仪架设在中间且位置距车辙断面中心线垂直距离不小于水准仪的最小量程。

要求其范围分别为 0 ~ 10mm、10 ~ 20mm、20 ~ 30mm、30 ~ 40mm、40 ~ 50mm,横断面布置方法如图 3-16 所示。

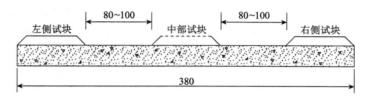

图 3-16　标准车辙试验组块横向布置图(尺寸单位:mm)

(2)分别在标准试验路测试段始点、终点刻划标记。激光车辙仪从始点标记前方 100m 处加速,沿轮迹标识线行驶,同时启动检测系统测试。要求行驶至始点标记处时速度达到 60km/h,且能够输出各试验组块断面处的车辙深度。

(3)激光车辙仪保持 60km/h 的速度,沿轮迹标识线均匀驶过试验路段,当激光车辙仪经过终点标记时,保存数据,结束检测。

(4)以试验组块中心断面的车辙深度检测值作为改断面的测量值。

(5)按上述试验方法,重复测量 10 次。

路段测试法的试验步骤如下:

(1)选择三条试验路段,要求其车辙深度分别为 0 ~ 10mm、20 ~ 30mm、40 ~ 50mm,每条路段长度不小于 300m。在轮迹带沿车道线平行位置画上明显的测线,并在始点、终点刻划标记。

(2)在试验路段上每间隔 10m 做断面标记,用符合《车载式路面激光车辙仪检定规程》[JJG(交通) 076—2010]要求的全站仪及水准仪测量每个断面的车辙深度,计算路段各断面车辙深度平均值,作为该路段的标准车辙深度标准值。

(3)激光车辙检测设备从开始点标记前方 100m 处加速,沿轮迹标识线行驶,同时启动检测系统测试,要求行驶至始点时速度达到 60km/h。

(4)激光车辙检测设备保持 60km/h 的速度,沿轮迹标识线均匀驶过试验路段,当激光车辙检测设备经过终点标记时,保存数据,结束检测。

(5)分别计算各路段车辙深度的平均值,作为路段车辙深度测量值。

(6)按上述试验方法,重复测量 10 次。

3.2.3　路面车辙三维检测设备的计量

因为三维车辙检测设备在检测过程中能够获取高密度、高精度的激光点云数据,不会出现二维检测设备因车辆的偏移、车辙的宽度和形态变化而无法精确地获取道路横断面的最高点和最低点导致车辙深度检测结果出现偏差的现象,所以,在此基础上可以对现有的计量方法进行适当的改进。其一,基于三维车辙检测设备采集道路横断面数据高密度、高精度的特点,可以对现有《车载式路面激光车辙仪检定规程》[JJG(交通) 075—2010]中试验组块的大小及质量做适当的修改,找到稳定且不易变形的材料替换现有材料,并减小模块大小,以此减少试验成本及人工成本。其二,基于三维车辙检测设备采集道路横断面数据高密度、高精度、大范围的特点,可以改变现有的计量模式,建立一套针对三维车辙检测设备的原位计量方法。

3.3　构造深度三维检测设备计量

3.3.1　激光三维检测与现有自动化检测技术的比较

现有的自动化检测技术一般为非接触式构造深度检测。其主要原理是:基于述路面波谱理论,首先采用激光测距技术快速、准确地测量路面纵断面的高程,然后采用一定的计算模型(图3-17),评价和描述0.5~50mm波长范围内的路表几何形态,从而完成路面构造深度的测量。关于评价和描述路面构造深度的计算模型,国际上衍生出很多不同的方式,主要有以下几种:

(1)断面深度(Profile Depth,PD):在二维空间里,在轮胎接地长度的区间内,纵断面某点位与该断面内最高点的水平线间的距离,如图3-17所示。

(2)平均断面深度(Mean Profile Depth,MPD):在特定长度区间内的断面深度平均值。(3)估算构造深度(Estimated Texture Depth,ETD):以 MPD 为自变量,通过换算公式(如 ETD = 0.2 + 0.8MPD)评定路面构造深度。

(4)传感器测量构造深度(Sensor Measured Texture Depth,SMTD):对一定长度段落内测试点的高度数列进行二次抛物线回归后的计算残差,如图3-18所示。

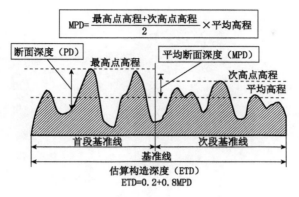

图 3-17　断面法构造深度计算模型

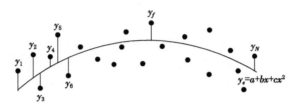

图 3-18　传感器测量构造深度的计算模型

$$\mathrm{SMTD} = \sqrt{\frac{\sum\limits_{i=1}^{N}(y_i - y_e)^2}{N}} \tag{3-1}$$

式中：SMTD——路面构造深度指标，对各检测点高度数据进行抛物线回归计算残差得到，mm；

　　　　y_e——通过二次最小平方回归法获得的一条抛物线，$y_e = a + bx + cx^2$。

我国的非接触式路面构造深度测试技术引自国外，并在交通运输行业标准《车载式路面构造深度仪》(JT/T 840—2012)中明确了"激光测量法路面构造深度"的定义，即当采用激光构造深度仪等非接触式测距设备进行路面构造深度检测时，在300mm 长度段落内，对等间距测试点的高程数列进行二次抛物线回归后的计算残差，即 SMTD。

二维构造深度检测的基本测量原理为：沿轮迹纵向连续采集路表纵断面高度数据(profilometer method)，一般要求采用间距小于 2mm，然后通过一定的数学模型对高度数列进行计算，结果即为路面构造深度。

二维构造深度检测原理示意图如图 3-19 所示。

三维构造深度检测的原理与二维构造深度检测不同，其是采用扫描路面点云，提取其中一套直线，按照二维的方式进行计算得出路面构造深度，如图 3-20 所示。

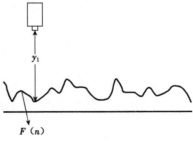

图 3-19　二维构造深度检测原理示意图

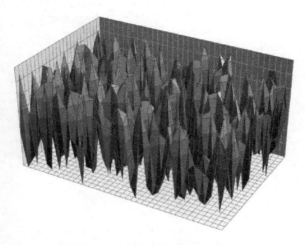

图 3-20　三维构造深度检测原理示意图

由于构造深度是一个较为微观的量值,其范围在 0～2mm 之间,所以对采集系统的要求非常高,误差应小于 0.1mm,对于三维自动化检测设备的采集的实现较为困难。目前市场上三维自动化检测设备中对构造深度的测量暂时还不够精确,多采用二维即点激光加编码器采集的方式,其图谱如图 3-21 所示。

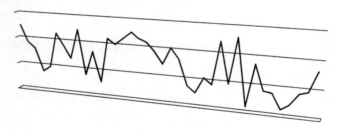

图 3-21　三维点云中抽取的二维路面波谱

3.3.2　现有路面激光构造深度计量方法

对车载式路面激光构造深度仪的计量性能要求,主要涉及以下 4 个参数:

(1)垂直测距示值误差:Ⅰ级,误差范围为 ±0.1mm;Ⅱ级,误差范围为 ±0.5mm。

(2)纵向距离传感器误差:最大允许误差为 ±0.1%。

(3)构造深度测量重复性:构造深度测量变异系数 C_v 不大于 10%。

(4)构造深度示值误差:Ⅰ级激光构造深度仪示值误差范围为 ±5%,Ⅱ级激光构造深度仪示值误差范围为 ±15%。

路面激光构造深度仪检定装置采用静态测量代替动态测量的技术,利用高精度激光测距传感器配以整套测控系统复现构造深度量值,主要包括构造深度标准测量系统(图 3-22)、构造深度圆盘(图 3-23、图 3-24)及测控装置等。

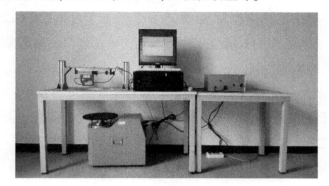

图 3-22　激光构造深度标准测量系统

图 3-23　激光构造深度标准器(标准圆盘)

图 3-24　激光构造深度标准器(模拟圆盘)

通过模铸公路路面典型纹理形态而成的模拟盘及相应测控系统,采用比较测量法,检验在给定行车速度下,被检验计量器具构造深度示值与本计量标准所复现构造深度量值的误差,实现路面构造深度量值的传递。

路面激光构造深度检定装置是社会公用计量设置,保存在国家道路与桥梁工程检测设备计量站。大长度检定装置作为上一级计量标准,而Ⅰ级和Ⅱ级车载式路面激光构造深度仪是工作计量器具。这样,确定了路面激光构造深度仪的量值溯源和量值传递方式,以及整个量值传递体系。

与国家检定系统一致,路用激光构造深度仪检定装置可溯源至上一级计量标准,例如中国计量科学研究院的80m大长度标准装置、国家光电测距仪检测中心的大长度检定装置等,从而建立与长度计量基准的联系,形成量值溯源比较链。

路用激光构造深度仪量值溯源框图如图3-25所示。

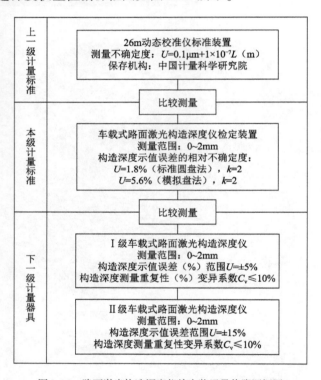

图3-25 路面激光构造深度仪检定装置量值溯源框图

3.3.3 路面构造深度三维检测设备的计量思路

由于目前构造深度采用原位法进行测量,采用圆盘的方式复现构造深度,其构造深度值SMTD的算法也基本源自二维激光测量原理。所以目前的三维检测设备难以采用现有的二维方法测量构造深度。如改为三维构造深度,目前有两种方案:

(1)原位法改为路段法,通过在路段面布置相应的构造深度标准板或定义标准构造深度路段实现。

(2)采用动态构造面,实现三维路面检测时对构造深度的模拟,完成原位法的构造深度量值溯源。

3.4 裂缝三维检测设备计量

3.4.1 激光三维检测与现有自动化检测技术的比较

1)现有自动化检测技术

目前二维自动化检测设备的原理是:在一定光照强度条件下,线阵相机采集路面裂缝等损坏类型的图像,转化成可识别的电子图像,由自动识别及测量软件进行测量计算得到检测结果。

线阵相机的采集幅面可以设计得较大,装载到检测设备载体(一般为综合检测工程车)上。二维自动化检测设备原理如图3-26所示。

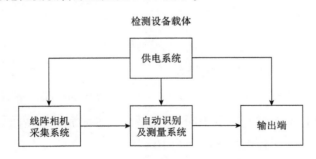

图3-26 二维自动化检测设备原理

目前二维自动化检测设备没有对裂缝宽度的测量要求,只对检测设备可识别的最小宽度有要求,即最小识别宽度不得大于1mm。对于裂缝受限于线阵相机采集频率和自动化识别及测量系统的算法,二维自动化检测设备对于路面裂缝类损坏的识别率虽然高,但检测精度较低。

而现有的计量技术规范《车载式路面损坏视频检测系统》[JJG(交通)077—2015]对已有的二维自动化检测设备的检定/检验方法采用的是通过量值传递的方法。计量标准工作原理如图3-27所示。

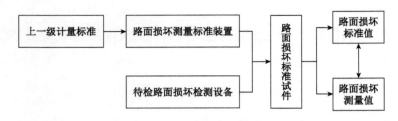

图3-27 计量标准工作原理

车载式路面视频检测系统一般由照明光源、纵向距离传感器、高速高分辨数字成像装置、路面损坏计算机图像处理软件和路面损坏信息输出等组成。系统依据摄影测量学原理,采用高速数字成像、图像识别、计算机视觉检测等技术,通过计算机软件分析路面损坏面积、破损率等技术参数,系统原理如图3-28所示。

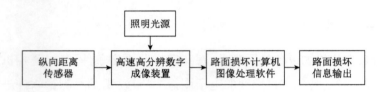

图3-28 车载式路面损坏检测系统原理图

识别图像时,市场上大部分自动化检测设备采用的路面损坏面积算法是网格法,即用$0.1m \times 0.1m$的网格布满路面裂缝。依据《公路技术状况评定标准》(JTG 5210—2018),路面裂缝影响的路面损坏面积A_i按下式计算:

$$A_i = 0.01 \times GN \tag{3-2}$$

式中:GN——含有路面裂缝损坏的网格数;

0.01——面积换算系数,即一个网格的标准尺寸为$0.1m \times 0.1m$。

考虑不同路面的裂缝影响宽度不同,沥青路面和水泥混凝土路面需要再乘以换算系数w_i(沥青路面为2.0,水泥混凝土路面为10)。

网格法检测示意图如图3-29所示。

2)激光三维检测技术

激光三维检测技术原理是激光测距,生成点云坐标进行转化计算。根据选择不同精度等级的激光传感器,可以测量不同需求的路面裂缝样品。激光测距原理如图3-30所示。

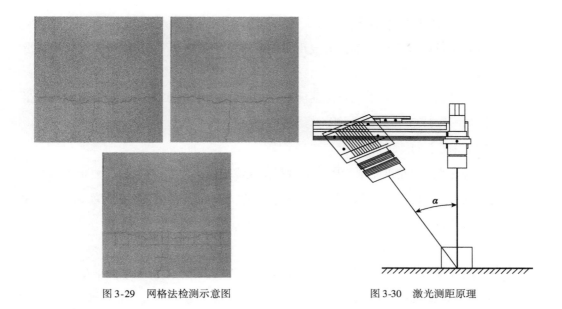

图 3-29 网格法检测示意图　　　　图 3-30 激光测距原理

因此,公路路面裂缝的激光三维图像具有高分辨率、高准确度、高效率的特性,同时能节省大部分的人工识别工作,为日常检测工作提供更多的便利。公路路面裂缝的三维检测指标主要包含了裂缝宽度、裂缝长度和分辨力参数。对于不同路况的路面裂缝,激光三维检测设备可以快速扫描样品,完成样品特征点的选取、拟合与计算工作,对于工作环境的要求低,在部分恶劣路况条件下也可以进行检测,适用性更强。

同时,三维激光检测设备与现有自动化检测设备相比,在裂缝识别的激光线宽上有所不同。三维激光线宽是指三维检测设备实际扫描激光的宽度。

在路面裂缝的激光三维检测技术中,激光线宽主要影响的是采集精度。对于同一束采集激光来说,传感器接受的反射激光信号会将线激光的截面采样点的数据进行平均,也就是说,当激光线宽减小到 1/2 时,采集的路面数据会更加集中,搭配合适的采样频率,同一位置的采集数据能剔除接近 50% 的边缘数据,精度更高。同时,对于路面一些异常点,比如突起或者凹陷,有更高的识别率。

因此,在满足路面裂缝测量的需求时,选取更小的激光线宽,能有效提高采集数据的准确性。同时,激光线宽也是反映激光三维检测设备性能的一个重要指标。

路面裂缝面积是路面裂缝长度乘以影响宽度(沥青路面为 0.2m,水泥混凝土路面为 1.0m)的矩形面积。

与以往二维检测设备及方法比较,路面裂缝的激光三维检测技术对于裂缝面积标准值的复现有以下不同与改进:

(1)裂缝面积测量原理不同。

二维检测设备裂缝面积标准值的复现采用的影像测量仪装置,是对裂缝视频采集形成图片,再扫描测量面积。

激光三维检测技术是用激光传感器测距原理,将实际裂缝实体逐点测距形成点云坐标,转化计算其裂缝宽度、长度、面积等参数。

(2)测量精度不同。

二维检测设备测量精度受限于影像测量仪及成像摄像头精度约束,精度为 $0.01\mathrm{mm}^2$。

激光三维检测技术根据采用的激光传感器,单线精度测量一般为 $0.1\mathrm{mm}$ 和 $0.05\mathrm{mm}$,实际采集精度可达 $0.0025\mathrm{mm}^2$。

(3)数据处理方式不同。

二维检测设备数据处理目前大部分还是人工处理,受技术人员水平和采集图像精度限制,准确度及不确定度较大,实际检测对不同类型裂缝的测量一致性和重复性较大。

激光三维检测技术由激光传感器采集数据,直接转化成三维坐标,数据反馈及计算更便捷,不会出现不同操作人员得出不同数据的情况,对不同类型裂缝的测量一致性和重复性更优。

3.4.2 现有路面裂缝长度及面积计量方法

路面裂缝自动测量设备主要由路面损坏标准测量装置、全站仪、分辨力测试板、钢卷尺、钢直尺、路面损坏标准试件、试验平台道路等器具组成。其中,路面损坏标准测量装置(图3-31)是一台具有较大幅面且具备所需要的测量能力的影像测量仪,用于实现不规则形状几何参量的精确测量。

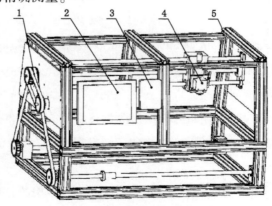

图3-31 路面损坏测量标准装置
1-传动机构;2-显示模块;3-计算机图像处理模块;4-数字成像模块;5-机架

路面损坏标准试件是采用工程塑料板,经裂缝仿真后雕刻制成的路面损坏标准样品。路面损坏标准试件经路面损坏标准测量装置测量后赋予特定的量值(面积、长度等),用于车载式路面损坏视频检测系统校准时作为标准参考值。

路面损坏标准试件量值溯源框图如图3-32所示。

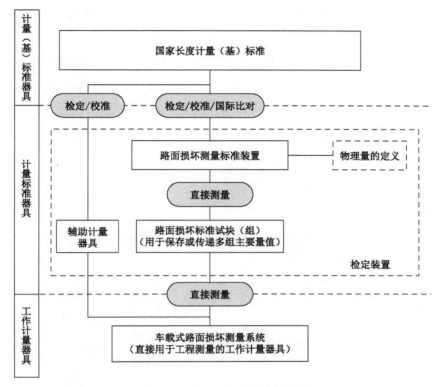

图3-32　路面损坏标准试件量值溯源框图

3.4.3　路面裂缝三维检测设备的计量思路

现有路面自动化检测设备对于路面裂缝的计量方法还是比较法,传递标准是路面损坏标准试件,主要还是基于图像处理技术。对于裂缝宽度参数和裂缝影响面积参数,现有路面自动化检测设备的计量标准试件的赋值精度受环境影响较大。根据现行的《车载式路面损坏视频检测系统》[JJG(交通)077—2015]中对路面损坏标准测量装置的要求可知,标准装置的技术要求如下:

(1)分辨力:不大于0.2mm。

(2)测量范围:不小于500mm×1000mm。

(3)面积测量最大允许误差:±1%。

而激光三维裂缝检测设备是通过激光测距原理对裂缝宽度及裂缝影响面积进行复现,扫描裂缝宽度及长度特征点,输出点云坐标,并计算裂缝宽度,其具有以下优点:

(1)精度高,目前激光三维扫描设备,可以达到 0.1mm 或 0.05mm 的精度,对于模糊轮廓的路面裂缝具有更好的识别力。

(2)测量范围更大,根据不同使用条件自行选择激光三维测量装置测量范围,上限很高。

(3)适用性强,无论是光照等环境条件或者是对标准试件或试验路的地点选择,三维激光测量装置都能很好地适用。三维激光测量装置既有手持便携式设备,也可采用固定装置。

(4)赋值(检测)速度更快,激光三维测量输出点云坐标,速度快,便于存储,能大大提高工作效率。

(5)可以同步测量路面裂缝深度参数。

裂缝点云扫描图如图 3-33、图 3-34 所示。

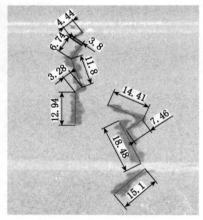

图 3-33　裂缝点云扫描图(一)　　图 3-34　裂缝点云扫描图(二)(尺寸单位:cm)

裂缝采集数据见表 3-1。

裂缝采集数据　　表 3-1

裂缝序号	统计信息	第1次	第2次	第3次	第4次	第5次	重复性	偏差系数
1	平均宽度(mm)	3.056	3.063	3.336	3.278	3.166	0.960	0.040
	平均深度(mm)	1.987	2.082	2.075	2.064	1.994	0.977	0.023
	影响面积(mm^2)	0.198	0.198	0.198	0.197	0.198	0.998	0.002

续上表

裂缝序号	统计信息	第1次	第2次	第3次	第4次	第5次	重复性	偏差系数
2	平均宽度（mm）	3.228	3.134	3.135	3.149	3.120	0.986	0.014
	平均深度（mm）	1.990	1.962	2.042	1.955	1.913	0.976	0.024
	影响面积（mm^2）	0.277	0.278	0.279	0.279	0.277	0.997	0.003
3	平均宽度（mm）	5.274	5.327	5.202	5.209	5.310	0.989	0.011
	平均深度（mm）	3.045	3.127	3.183	3.154	3.066	0.981	0.019
	影响面积（mm^2）	0.255	0.255	0.254	0.253	0.255	0.997	0.003

第 4 章

现有计量标准装置适用性验证

本章拟选取三维检测设备对二维计量标准器所计量的全部技术指标进行试验,试验目的如下:

(1)验证市场上三维检测设备用现有二维计量标准测量时,是否能适用。

(2)验证三维检测设备拟计量指标是否覆盖现有二维计量技术指标。

(3)验证二维计量标准装置用于三维检测设备示值误差是否在可接受范围内。

4.1 路面平整度现有计量标准器适用性验证

4.1.1 试验对象、标准器及方法

由 2.1.3 节平整度计量技术指标知,检测中对 IRI 示值误差的准确性有需求,因此,用现有二维平整度计量用标准器具及方法在标准道路上铺设轮迹带,模拟路面平整度值 0~2m/km、2~3m/km、3~4m/km、5~7m/km,每段长度 100m。试验设备为武汉光谷卓越科技有限公司生产的三维检测设备和山东科技大学检测设备。

4.1.2 试验参数、结果及数据分析

按照检定规程,对武汉光谷设备的 4 项参数(纵向测距传感器误差、检测速度影响误差、IRI 测量误差和 ITI 测量重复性)进行了试验。该设备可以采集左右双轮迹带的数据,因此试验提取了左右双轮迹带的路面平整度值。线激光三维平整度仪原始记录及校准结果如图 4-1、图 4-2 所示。结果显示三维激光平整度检测设备各项检测参数均符合二维激光平整度仪的检定规程要求。三维激光平整度仪采集的是路面轨迹带的点云数据,比路面纵向线平整度数据稳定且更能反映路面情况,这是巨大进步。其他参数中,纵向测距传感器误差没有变化,和二维平整度采用的传感器是一样的。IRI 测量重复性和 IRI 测量误差两项参数和二维平整度相比没有提高。设备厂家可以对其进行优化,降低两项参数的误差。

在对山东理工大学设备进行试验时,只进行了 3 项参数的试验(参数包括纵向测距传感器误差、IRI 测量误差和 ITI 测量重复性)。该设备是对路面进行全扫描并对扫描点云数据进行处理计算得到左右两轨迹带平整度值。点激光三维平整度仪校准结果如图 4-3 所示,测试结果和二维平整度试验结果几乎无差别。厂家还可以进行进一步优化,提高设备的检测精度和准确度。

八、计算结果 （左侧）	A路段 （0~2m/km）	B路段 （3~4m/km）	C路段 （2~3m/km）	D路段 （5~7m/km）	C路段 （80km/h） （2~3m/km）
No.1	1.06	3.72	2.56	5.71	2.48
No.2	1.08	3.80	2.64	5.48	2.61
No.3	1.09	3.61	2.58	5.64	2.55
No.4	1.05	3.63	2.47	5.47	2.32
No.5	1.09	3.60	2.49	5.77	2.57
No.6	1.05	3.63	2.56	5.57	—
No.7	1.08	3.27	2.52	5.44	—
No.8	1.07	3.33	2.49	5.13	—
No.9	1.05	3.66	2.53	5.97	—
No.10	1.07	3.69	2.48	5.68	—
①平均值（No.1~No.10）	1.07	3.59	2.53	5.59	2.51
②标准差	0.02	—	—	0.23	—
③变异系数=②/①	1%	—	—	4%	—
④平均值（No.4~No.8）	1.07	3.49	2.51	5.48	—
⑥测量误差=|④-⑤|/⑤	3%	<0.5%	1%	2%	—
⑦检测速度影响误差	<0.5%				
⑧IRI测量重复性=max（③）	4%				
⑨IRI测量误差=max（⑥）	3%				
⑩U_r	1%	3%	2%	3%	—

图 4-1　线激光三维平整度仪原始记录

注：图中序号⑤是标准值，此处隐藏。

校准项目		校准结果
纵向测距传感器误差		0.04%
检测速度影响误差		<0.5%
IRI测量重复性	0~2m/km	1%
	5~7m/km	4%
IRI测量误差	0~2m/km	3%
	2~3m/km	1%
	3~4m/km	<0.5%
	>4m/km	2%

校准结果不确定度描述：U_r=5%（k=2）

图 4-2　线激光三维平整度仪校准结果

一、校准项目及结果

1	纵向测距传感器误差		0.01%
2	左侧	IRI测量重复性	2%
3		IRI测量误差	11%
4	右侧	IRI测量重复性	2%
5		IRI测量误差	5%

（以下空白）

敬告：
1.被校准仪器修理后，应立即进行校准。
2.在使用过程中，如对被校准仪器的技术指标产生怀疑，请重新校准。
3.根据客户要求和校准文件的规定，通常情况下12个月校准一次。

图 4-3　点激光三维激光平整度仪校准结果

4.1.3　试验结论及建议

现有路面激光平整度仪可以提供的检校参数有以下几项：①激光测距传感器垂直测距示值误差；②纵向测距传感器误差；③IRI 测量重复性；④IRI 测量相对误差。以上四项检校参数，除第一项三维激光平整度仪不需要检校外，其他三项参数均需要检校。经过试验验证，现有激光平整度仪计量标准器可以满足市场上两种不同技术原理的三维激光平整度仪的部分检校需求。三维激光平整度仪纵向测距传感器和现有激光平整度仪纵向传感器无差别，完全适用。IRI 测量重复性和 IRI 测量相对误差测量是车辆左右轮迹带上的测量值，三维激光平整度仪在两轮迹带上的测量数值及重复性均满足现有标准的要求。因此，现有平整度计量标准可以提供三维平整度的检校要求。

三维激光平整度仪除上面三项指标外，还应添加以下两个指标：①检测路面宽度要求；②除轮迹带，其他位置的 IRI 测量示值误差。检测路面宽度在现有车辙检校中有要求，此项使用钢卷尺即可进行测量。测量方法、测量范围和精度均可参照现有车辙仪检校的要求。除轮迹带，其他路面位置的 IRI 值，主要考虑 IRI 的纵向测量间距。纵向测量间距小，则能更好地检校三维平整度仪性能，但是对于标准器的造价成本和人力成本均较高;纵向测量间距大,则不能很好地反映设备每条纵断面上的性能,标准器的造价成本和人力较低。可以适当平衡两者之间的关系,达到双赢目的。

综上所述,现有的平整度计量标准器可以满足三维激光平整度仪的部分计量检校需求,个别指标不能实现的,可以在现有标准器的基础上进行升级,满足全部的需求。同时,在新的标准器没有研发出来前,也可以使用现有平整度标准器进行检校,如改进升级,建议增加平整度块长度,保证点激光覆盖范围内的平面稳定,从而减小位置偏差的影响。

4.2 路面车辙现有计量标准器适用性验证

4.2.1 试验对象、标准器及方法

由车辙仪需要计量的技术指标知,检测中对车辙示值误差的准确性有需求,因此,用现有二维车辙仪计量用标准器具及方法在标准道路上铺设的方法同二维车辙计量标准,模拟路面0~10mm、10~20mm、20~30mm、30~40mm、40~50mm、50mm以上等6个横断面的车辙值、试验设备为武汉光谷卓越科技有限公司生产的三维检测设备和山东科技大学检测设备。

4.2.2 试验参数、结果及数据分析

图4-4是线激光三维车辙仪校准结果,图4-5是点激光三维车辙仪校准结果。数据显示,对于同一组车辙复现值,线激光三维车辙仪与点激光三维车辙仪的测量重复性分别是3%和4%,数值相当,可见设备可以采集到车辙变化,且相对稳定。比较线激光三维车辙仪与点激光三维车辙仪的测量误差发现两者差别较大,相差3%,占总误差的1/4~1/3。从其工作原理分析可知,车辙组块铺设宽度是按二维点激光设计,较适合三维点激光设备,点激光三维车辙仪采集分析数据较为理想。线激光三维车辙仪是全幅路面扫描整体分析,容易对车辙组块外延路面进行同步扫描分析,车辙模型出现变形,从而与标准复现值比较偏差较大。

九、计算结果	断面1	断面2	断面3	断面4	断面5	断面6	断面7	断面8	断面9	断面10
No.1	25.23	33.42	39.11	44.53	48.73	13.34	—	21.93	53.61	58.07
No.2	25.43	33.78	40.66	43.65	47.56	12.13	—	21.22	54.15	58.39
No.3	25.71	32.13	42.23	44.49	54.40	14.08	—	20.54	53.44	57.98
No.4	25.46	34.45	40.91	43.45	48.04	13.37	—	20.46	53.15	58.37
No.5	25.89	35.47	39.22	44.23	47.58	13.62	—	22.06	53.65	59.02
No.6	25.54	34.50	39.66	44.60	47.45	13.10	—	22.48	54.23	58.94
No.7	25.76	35.04	42.26	43.83	48.64	12.92	—	21.87	53.44	58.42
No.8	25.69	35.74	38.68	43.06	49.05	12.82	—	21.78	54.52	59.29
No.9	25.88	35.13	42.13	45.33	50.09	13.10	—	20.86	54.26	58.57
No.10	25.28	34.63	42.20	46.53	48.26	13.83	—	20.19	55.21	65.65
①平均值(No.1~No.10)	25.59	34.43	40.71	44.37	48.98	13.23	—	21.34	53.97	59.27
②标准差	0.24	1.08	1.45	1.00	2.07	0.56	—	0.79	0.62	2.28
③变异系数=②/①	0.9%	3.1%	3.6%	2.3%	4.2%	4.2%	—	3.7%	1.2%	3.8%
⑥测量误差=|①-④|/④	6.2%	11.3%	12.4%	9.6%	6.6%	12.8%	—	2.4%	7.0%	6.9%
⑦U_r	0.3%	1.0%	1.1%	0.7%	1.3%	1.3%	—	1.2%	0.4%	1.2%
⑧U_c	1.5%	1.8%	1.9%	1.7%	2.0%	2.0%	—	1.9%	1.5%	1.9%
⑨U_r	4%	4%	4%	4%	5%	5%	—	4%	4%	4%
车辙深度测量重复性=max(③)	4%									
车辙深度测量误差=max(⑥)	13%									

一、校准项目及结果

1	横断面有效检测宽度（m）	3.5
2	纵向测距传感器误差	0.04%
3	车辙深度测量重复性	4%
4	车辙深度误差	9%

二、不确定度描述

车辙深度校准结果的相对不确定度：U_r=5%，k=2

（以下空白）

敬告：
1.被校准仪器修理后，应立即进行校准。
2.在使用过程中，如对被校准仪器的技术指标产生怀疑，请重新校准。
3.根据客户要求和校准文件的规定，通常情况下12个月校准一次。

图4-4 线激光三维车辙仪校准结果

现有路面激光车辙仪可以提供的检校参数有以下几项：①横断面测试点垂直测距示值误差；②纵向测距传感器误差；③车辙深度测量重复性；④车辙深度测量相对误差。以上四项检校参数，除第一项三维激光车辙仪不需要检校外，其他三项参数均需要检校。经过试验验证，现有激光车辙仪计量标准器可以满足市场上两种不同技术原理的三维激光车辙仪的部分检校需求。三维激光车辙仪纵向测距传感器和现有激光车辙仪纵向传感器无差别,完全适用。车辙深度测量重复性和车辙深度测量相对误差测量是路面横断面上的测量值,三维激光车辙仪在路面横断面上的测量数值及重复性均满足现有标准的要求。因此,现有车辙计量标准可以提供三维车辙的检校要求。

	一、校准项目及结果	
1	横断面有效检测宽度（m）	3.7
2	纵向测距传感器误差	0.04%
3	车辙深度测量重复性	3%
4	车辙深度误差	12%

二、不确定度描述

车辙深度校准结果的相对不确定度：U_r=5%，k=2

（以下空白）

敬告:
1.被校准仪器修理后,应立即进行校准。
2.在使用过程中,如对被校准仪器的技术指标产生怀疑,请重新校准。
3.根据客户要求和校准文件的规定,通常情况下12个月校准一次。

图 4-5　点激光扫描器式三维激光车辙仪校准结果

4.2.3　试验结论及建议

三维激光车辙仪除上面三项指标外,还应改善以下指标计量方法:标准路段法标准组块摆放位置。因三维激光车辙仪工作方式与二维激光车辙工作仪工作不同、数据采集方式不同,它能够实现全幅道路数据采集,所以标准组块可以摆放在道路上任意位置,标准组块的尺寸也可以相应地减小,可以此来减小标准组块的造价成本和人力成本。三维激光车辙仪的检校过程相较现在二维激光车辙仪操作程序要简单,能够降低试验风险。

综上所述,现有的车辙计量标准器可以满足三维激光车辙仪的部分计量检校需求,个别指标不能实现的,可以在现有标准器的基础上进行升级,满足全部的需求。同时,在新的标准器没有研发出来前,也可以使用现有平整度标准器进行检校,因此,原有车辙七个模型对三维点激光设备较适用,而对于三维激光车辙的校准,则需要根据线激光覆盖范围,考虑全路幅铺设,模拟实际车辙路面。

4.3　构造深度现有计量标准器适用性验证

构造深度现有计量标准和计量规程难以适用三维检测设备构造深度的检校。一是由于目前三维激光车辙仪的采集精度较差,无法准确地采集路面高程值,导致构造深度指标误差较大。二是目前的检校方法主要适用于点激光采集设备,设备在高速旋转时,三维设备难以采集同一个位置的高程变化。所以,目前的标准器和三维检测设备均不适合现有的方式检校。

4.4　裂缝现有计量标准器适用性验证

4.4.1　试验对象、标准器及方法

裂缝需要计量的指标主要为裂缝宽度示值误差、裂缝面积示值误差。目前三维激光检测设备对裂缝的检测仍是采用图像法,激光扫描仅作为深度修正,具体修正为黑箱,因此,项目组用二维检测用裂缝标准器(图4-6)对三维裂缝检测设备进行计量。考虑到被检三维设备厂家提出会进行深度修正,项目组对现有二维裂缝标准板进行改进,采用刻槽的立体标准板。

二维检测设备进行检测时,检测设备配备的高精度相机在一定速度下(一般为60km/h)对二维裂缝标准器进行拍摄,并对裂缝图像进行识别。激光三维检测标准器采用的是刻槽的立体标准板,相对于二维裂缝标准板,增加了深度这一参数,同时,裂缝宽也更明显,便于检测设备的识别与判断,如图4-7所示。

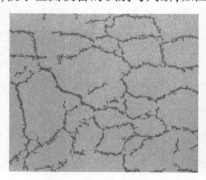
图4-6　二维检测用裂缝标准器

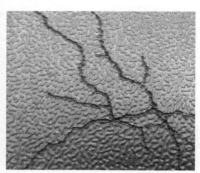
图4-7　三维检测用裂缝标准器

4.4.2　试验参数、结果及数据分析

由于没有裂缝类检定规程或者校准规范,根据调研反馈,设备生产厂家和检测机构技术人员提及了三项指标,分别是裂缝宽度、裂缝深度和影响面积。裂缝影响面积在二维检测中属于必检项目,技术指标及检测方法均可实现。但在裂缝宽度和裂缝深度两个指标中没有方法可依据。技术人员通过和厂家探讨、分析及实地调研分析确定,裂缝的宽度和深度选择关键点并标记。三维检测设备采集 5 次数据计算均值,将均值与标准值进行比较得到测量误差。试验设备为武汉光谷卓越科技有限公司生产的三维检测设备。试验结果如图 4-8 所示。试验数据显示,试验结果并不理想,仅有一条裂缝深度测量误差为 0.56%,其他几项误差均较大。分析原因,目前三维检测设备横纵向采样分辨率在 2~3mm 之间,深度采样分辨率在 2mm 以上。对于裂缝宽度在 6mm 以内,深度在 4mm 以下的裂缝辨别能力较差。

测试项目									
项目		测量结果						标准值	测量误差(%)
		1	2	3	4	5	平均值		
路面损坏	单条裂缝类平均宽度 板1(mm)	3.072	3.304	3.042	3.082	3.112	3.1224	4	-21.94
	板2(mm)	3.128	3.252	3.158	3.361	3.281	3.236	4	-19.10
	板3(mm)	5.23	5.221	5.225	5.006	5.006	5.1376	6.15	-16.46
	龟裂裂缝、块裂裂缝类平均宽度 板4(mm)	3.496	3.297	3.357	3.39	3.406	3.3892	3.91	-13.32
	板5(mm)	5.168	5.258	5.295	5.314	5.13	5.233	6.15	-14.91
	板6(mm)	3.133	3.064	3.046	3.009	3.1	3.0704	4	-23.24
	单条裂缝类平均深度 板1(mm)	1.786	1.73	1.826	1.897	1.814	1.8106	1.99	-9.02
	板2(mm)	1.832	1.917	1.972	2	1.832	1.9106	1.9	0.56
	板3(mm)	2.958	3.069	3.06	3.1	2.958	3.029	3.56	-14.92
	龟裂裂缝、块裂裂缝类平均深度 板4(mm)	1.992	2.046	2.043	1.943	2.017	2.0082	1.88	6.82
	板5(mm)	3.09	3.136	2.992	3.159	3.005	3.0764	3.6	-14.54
	板6(mm)	2.157	2.159	2.101	2.078	2.068	2.1126	1.99	6.16
	单条裂缝类影响面积 板1(m²)	0.198	0.197	0.197	0.199	0.198	0.1978	0.194	1.96
	板2(m²)	0.277	0.279	0.277	0.278	0.278	0.2778	0.2474	12.29
	板3(m²)	0.255	0.254	0.253	0.255	0.255	0.2544	0.265	-4.00
	龟裂裂缝、块裂裂缝类影响面积 板4(m²)	0.449	0.436	0.445	0.428	0.429	0.4374	0.42735	2.35
	板5(m²)	0.773	0.761	0.771	0.796	0.787	0.7776	0.75395	3.14
	板6(m²)	0.437	0.429	0.449	0.444	0.449	0.4416	0.44745	-1.31

图 4-8　单裂缝宽度和深度测试结果

4.4.3　试验结论及建议

裂缝类检测指标,在检测宽度和深度方面应该改进:目前由于三维检测设备的传感器采样分度值较低,可以结合二维图像法进行重合分析,提高检测裂缝宽度的能力。在裂缝深度检测方面,可以通过改进检测方法、提高检测精度来提高检测的准确性。

综上所述,现有的计量标准器可以满足部分三维激光裂缝检测设备的要求,其他指标能实现,但是试验结果不理想,可以在后续的研究中进行升级,满足全部需求。同时,在新的标准器没有研究出来前,也可以使用现有标准器进行试验,结合三维激光检测设备的特点,制定相适应的方法来提高检测的准确度。

第 5 章

路面坑槽三维检测设备计量技术研究

5.1 路面坑槽的自动化检测

路面坑槽检测技术按照检测原理的不同,所采集的三维图像特征也不完全相同。

5.1.1 结构光激光器采集路面的三维图像特征

结构光激光器采集路面的三维图像特征,工作原理如图 5-1 所示。线状结构光投射到凹凸不平的表面时产生扭曲。激光作为光源,沿着已知方向将已知图案投射到被测路面上。由于被测路面表面起伏不平,投射的图案将产生形变。通过反演可以得到被测物体表面的粗糙度。使用线激光检测路面三维状况时,需要考虑激光的分辨率(横向分辨率)和激光沿被测物体运动方向的分辨率(纵向分辨率)。横向分辨率仅受相机中行像素数量的限制,而纵向分辨率是扫描速率的函数,在相机纵向扫描速率一定的情况下,可以通过调整移动速度来获取高质量的图像。线扫描相机可以完全覆盖被测表面,速度编码器实时生成速度数据并将其发送至摄像机。在速度已知和分辨率固定的情况下,可以动态调整摄像机的扫描速率,以满足横向和纵向均匀分辨率的要求。图 5-2 是线激光检测得到的路面三维图,该三维图可以很好地检测出路面的拥包、坑槽等信息。

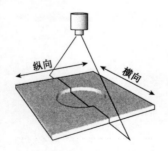
图 5-1 线结构光测量坑槽原理

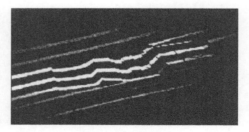
图 5-2 路面检测三维图

5.1.2 点激光扫描器采集路面的三维图像特征

点激光扫描器激光镜头以 2 万 r/s 的转速利用飞行时间法测量路面的三维信息,如图 5-3 所示。激光点照射到凹凸不平的路面上,反射回激光器。激光器计算发射时间和接收时间的时间差,计算检测点的距离。同时在系统坐标系中建立该测量点的位置坐标。路面横向检测点间距取决于激光器的转速和激光器的安装高度。在激光头转速一定的情况下,点激光扫描器的安装高度越高,路面检测点的间距越大。路面纵向检测点的间距,取决于激光器的转速和车辆的行驶速度。在转速一定的情况下,车辆速度越快,纵向点采样间隔越大;车速越慢,纵向点的采样间隔越小。激光头是360°旋转,因此,采集宽度超过了整个道路的宽度,在处理数据时,选取路面的采样点就可以。激光头的所有采样点在系统中均有特定的位置坐标,将这些位置坐标点通过软件处理,即可展现道路的路面情况,包含拥包、坑槽等路表面信息,如图5-4所示。

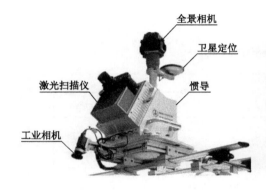

图5-3 点激光扫描器

图5-4 坑槽扫描数据

5.2 路面坑槽标准值的复现

拟采用图5-5所示的技术路线对路面坑槽标准值进行复现。

5.2.1 坑槽深度、面积、体积的数值分析定义及实现

1)基准面的选取

由于路面平整度的变化,使得路面实际高程线已偏离原设计高程线,但如果没有一个可供参照的基准面,就无法判断坑槽的各项指标,所以需要根据实测相对高程数据拟定一个基准面。具体步骤如图5-6所示。

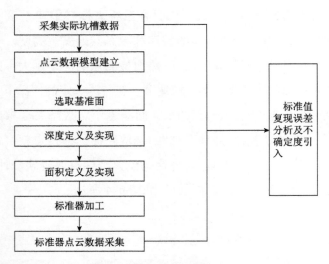

图 5-5　坑槽标准值复现的技术路线图

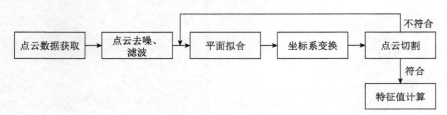

图 5-6　坑槽基准面选取具体步骤

（1）原始数据获取。手持式激光三维扫描仪获取的路面坑槽点云数据以三维坐标的形式储存输出，首先对原始数据进行滤波去噪。

（2）初步确定基准面。将原始点云数据进行曲面拟合，其中坑槽里大部分数据通过系统识别为异常数据被自动剔除，表面点云数据通过初始拟合得到 $Ax+By+Cz+D=0$ 平面作为平面，然后通过式（5-1）进行坐标变换，将拟合平面与路面坐标系中 xoy 平面重合。

$$\mathrm{Rot}(x,\theta)=\begin{bmatrix} 1 & 0 & 0 & 0 \\ 0 & \cos\theta & -\sin\theta & 0 \\ 0 & \sin\theta & \cos\theta & 0 \\ 0 & 0 & 0 & 1 \end{bmatrix} \quad (5\text{-}1)$$

$$\mathrm{Rot}(y,\theta)=\begin{bmatrix} \cos\theta & 0 & \sin\theta & 0 \\ 0 & 1 & 0 & 0 \\ -\sin\theta & 0 & \cos\theta & 0 \\ 0 & 0 & 0 & 1 \end{bmatrix} \quad (5\text{-}2)$$

$$\mathrm{Rot}(z,\theta) = \begin{bmatrix} \cos\theta & -\sin\theta & 0 & 0 \\ \sin\theta & \cos\theta & 0 & 0 \\ 0 & 0 & 1 & 0 \\ 0 & 0 & 0 & 1 \end{bmatrix} \tag{5-3}$$

(3)点云切割。根据《公路工程质量检验评定标准 第一册 土建工程》(JTG F80/1—2017)可知,路面构造深度一般不大于2mm,因此在上述基础上,取高度坐标$z = \pm 1$mm,除此范围内的所有点的集合即为坑槽。通过坑槽平面拟合圆得到最大外接圆,切除坑槽及坑槽外延部分越多,受坑槽影响越小,拟合平面越接近于路面坐标系。

(4)再次拟合基准面。在切除坑槽及外延部分后,对剩下的点云数据重复(2)中的步骤,进行多项式拟合以及坐标变化,以该基准面为参考坐标系,生成新数据,各个点坐标即为各点到基准面的高度,z坐标即为深度值。

(5)重复(3)和(4)步骤,多次迭代拟合直到找到最佳拟合平面,当两次z坐标最大值相差0.05mm时,认为此时拟合平面为最终获取的基准面。

2)坑槽深度的定义及实现

(1)将高程最低的坑槽边界线所在平面称为坑槽底面(或者最低点),如图5-7所示。平面P为基准平面,平面L为最低点所在平面,坑槽深度值即为L的z坐标值。

(2)现在工程中一般使用深度尺的方法来测量不同尺寸的坑槽的深度,因此,为了与人工的试验数据相验证,若实际坑槽边界线围成的最小面积小于深度尺尺身面积,则取坑槽边界线围成面积等于尺身面积处作为计算中的坑槽底面位置,如图5-8所示。

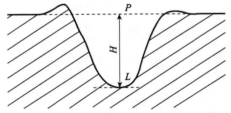

图5-7 坑槽最低点示意图

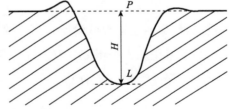

图5-8 坑槽相对最小面积示意图

3)坑槽面积的定义及实现

坑槽体积为高程最大等高线与高程最小等高线包含的三维点云空间体积,沿垂直于地面与多个高度相等的梯台微元逼近,计算坑槽体积:

$$V = \sum_{j=1}^{j} V_j = \frac{1}{3 \times \Delta z} \sum_{j=1}^{j} (S_j + S_{j-1} + \sqrt{S_j \times S_{j-1}}) \tag{5-4}$$

式中：V——坑槽体积；

V_j——梯台微元体积；

Δz——梯台微元的高；

S_j、S_{j-1}——梯台的上、下表面积。

5.2.2 实际坑槽的数据采集

随机选取路面坑槽并进行测量，测量方式分别为人工测量和手持三维激光测量仪测量。

人工测量法测量工具通常采用钢直尺和深度游标卡尺，器具要求如下。

钢直尺：测量范围为 0～1000mm，分度值 0.5mm，如图 5-9 所示。

深度游标卡尺：测量范围为 0～200mm，分度值 0.02mm，如图 5-10 所示。

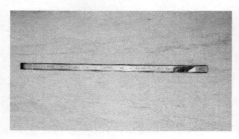

图 5-9　钢直尺

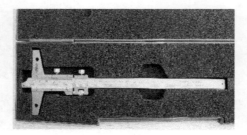

图 5-10　深度游标卡尺

坑槽位置：交通运输部试验场 C 区公路中心试验楼西南侧。

坑槽测量采用两人一组配合方式进行测量（图 5-11），一人扶钢直尺，一人使用深度游标卡尺进行深度测量（图 5-12）。

图 5-11　两人一组配合进行测量

图 5-12　测量坑槽最深处

现场共采集 4 个坑槽信息,坑槽图片如图 5-13 ~ 图 5-16 所示。

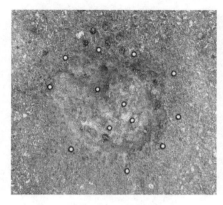

图 5-13　1 号坑槽

图 5-14　2 号坑槽

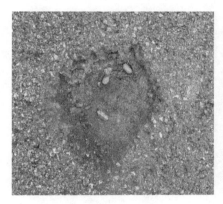

图 5-15　3 号坑槽

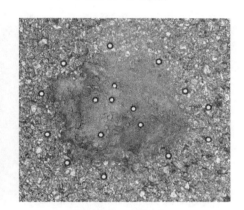

图 5-16　4 号坑槽

人工测量坑槽信息见表 5-1。

人工测量坑槽信息(单位:mm)　　　　　　　表 5-1

序　号	长	宽	深
1	230	220	60
2	115	95	76
3	300	265	70
4	240	190	61.5

三维激光扫描仪型号为 HandySCAN 300,如图 5-17 所示。

将三维扫描仪连接到计算机上,打开三维激光扫描仪配套软件 VXelements,选择扫描表面方式,设置参数为 1.00mm。选择优化边界为 50,其他参数为 0,设置界面如图 5-18 所示。坑槽的扫描三维信息图如图 5-19 ~ 图 5-22 所示,坑槽基本信息见表 5-2。

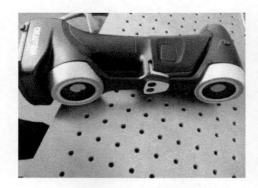

图5-17　HandySCAN 300 三维激光扫描仪

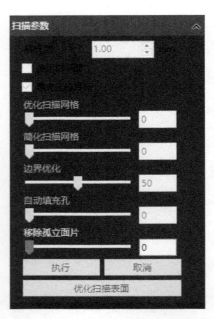

图5-18　手持三维扫描仪坑槽扫描信息设置

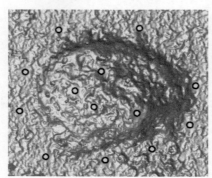

图5-19　1号坑槽及点云特征点布置图

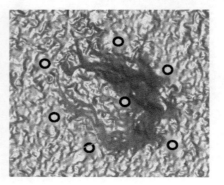

图5-20　2号坑槽及点云特征点布置图

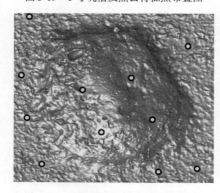

图5-21　3号坑槽及点云特征点布置图

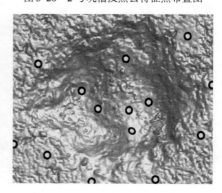

图5-22　4号坑槽及点云特征点布置图

坑槽基本信息　　　　　　　　　　　　　　表 5-2

定位标点个数	采样间距(mm)	三角网格面数	顶点数	导出点云数据
13	1.00	326866	173008	173009
7	1.00	245803	131112	131113
15	1.00	464889	243912	243913
17	1.00	356923	190437	190438

5.2.3 点云数据模型建立

各坑槽点云数据见表 5-3 ~ 表 5-6。

1 号坑槽点云数据　　　　　　　　　　　　表 5-3

x 坐标	y 坐标	z 坐标
271.3207	99.62433	412.4316
270.3207	99.90283	413.5076
272.3207	100.1299	412.4316
275.5211	20.10321	314.1232
275.3207	20.16272	314.2636
276.3207	20.90283	313.9255
276.1064	19.90283	313.7949
272.3207	100.8804	413.4316
257.3207	137.7075	460.4316
258.3207	139.2194	461.4316
…	…	…

2 号坑槽点云数据　　　　　　　　　　　　表 5-4

x 坐标	y 坐标	z 坐标
9.11572	245.9736	460.669
10.11572	244.9736	460.3341
9.11572	244.9736	460.4222
10.11572	245.9736	460.6038
11.11572	245.9736	460.4168
60.11572	-8.02637	334.032
61.11572	-8.02637	333.5787
61.11572	-9.02637	333.4171
-215.884	13.97363	421.8436
-215.884	12.97363	421.4017
…	…	…

3 号坑槽点云数据　　　　　　　　　　表 5-5

x 坐标	y 坐标	z 坐标
−122.935	13.11804	568.4452
−122.935	12.55029	568.1054
−123.935	13.11804	568.8711
−154.935	−30.882	564.1633
−153.935	−29.882	564.2169
−153.935	−30.882	563.7278
−121.935	13.11804	568.085
−128.935	13.11804	570.1917
−128.935	14.11804	570.5398
−127.935	13.11804	569.9701
…	…	…

4 号坑槽点云数据　　　　　　　　　　表 5-6

x 坐标	y 坐标	z 坐标
93.78442	32.73221	373.0405
92.78442	32.73221	373.5487
92.78442	33.73221	373.9815
−180.216	113.7322	547.7317
−179.216	112.7322	547.0645
−180.216	112.7322	547.8181
−78.2156	27.73221	470.906
−79.2156	28.13437	471.0988
−79.2156	28.73221	471.4622
−80.2156	89.73221	492.5742
…	…	…

5.2.4　公路路面坑槽激光三维检测基准面的选取

地面坐标一般由经度、纬度和高度来表示,而路面坐标则由断面剖面曲线来表示。高速道路的截面主要包括横断面和纵断面。横断面包含的信息主要是道路里程、道路路形和宽度。纵断面则包含路面高程、路面前进方向地形起伏信息。建立基于 x、y、z 的三维坐标系的坐标路面,其中 x 轴表示为道路的横断面,而 y 轴则表示为道路纵断面,那么 z 轴将被看作是路面各个点的高程值的坐标,这样通过坐标系来建立的三维路面坐标。

为了使路面的三维重构包含道路信息和深层路基等信息,在重构过程中,路面水平模型又细分为三层:第一层是路面高程数据用于重建实际道路的走向和坡度,第二层是根据两个断面重构道路的破损信息,第三层重建路面纹理层。

而在实际测量中,初始点云坐标原点为相机位置,与路面坐标系存在固定夹角,为方便后续的数据处理,将点云坐标系与路面坐标系对准,统一坐标系,如图 5-23 所示。

$$\text{Rot}(x, \theta) = \begin{bmatrix} 1 & 0 & 0 & 0 \\ 0 & \cos\theta & -\sin\theta & 0 \\ 0 & \sin\theta & \cos\theta & 0 \\ 0 & 0 & 0 & 1 \end{bmatrix} \quad \text{Rot}(y, \theta) = \begin{bmatrix} \cos\theta & 0 & \sin\theta & 0 \\ 0 & 1 & 0 & 0 \\ -\sin\theta & 0 & \cos\theta & 0 \\ 0 & 0 & 0 & 1 \end{bmatrix}$$

$$\text{Rot}(z, \theta) = \begin{bmatrix} \cos\theta & -\sin\theta & 0 & 0 \\ \sin\theta & \cos\theta & 0 & 0 \\ 0 & 0 & 1 & 0 \\ 0 & 0 & 0 & 1 \end{bmatrix}$$

图 5-23 坐标系变换

5.2.5 激光三维采集数据的坑槽深度定义及实现

现阶段坑槽的深度定义还没有完全统一,常用的定义方法有三种:①坑槽地面最深处点的高程与坑槽上口基准平面的高程差;②按照点数,取最底部的 10% 的点到基准面距离的平均值;③按照面积,以游标卡尺深入最小面积(默认为 10mm^2)定义坑槽下表面。现在一般使用游标卡尺来测量不同尺寸的坑槽的深度,因此,为了与人工的试验数据相验证,以游标卡尺深入最小面积定义坑槽下表面,如图 5-24 所示。从最低点开始,用基准面的平行面对点云进行切片,当切出面上的点云围成的面积为 10mm^2 时,该平行面为坑槽下表面,其对基准面的距离即为坑槽深度。

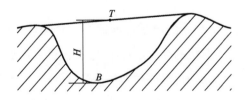

图 5-24 坑槽深度示意图

T-上下口平均高程点;B-坑槽底部最低处点;H-坑槽深度

5.2.6 激光三维采集数据的坑槽面积定义及实现

《公路技术状况评定标准》(JTG 5210—2018)指出,产生坑槽的路面上的坑槽面积为其横断面切向和垂直方向最外边的长度和宽度为矩形的长和宽。

曲率反映曲线的弯曲程度,是对表面不平坦度的一种衡量。在路面凹凸形变中,曲率值有重要的几何意义,可表示偏离正常路面的程度,即曲率越大,反映路面偏离平面越严重。本小节通过分析路面缺陷拟合成的曲面特征,利用曲率对路面缺陷的几何形状进行描述,得到坑槽的点云坐标及外廓形状,并由此确定外接矩形的长和宽,计算得到坑槽面积,如图5-25所示。

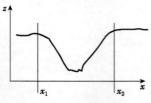

图 5-25 坑槽曲率示意图

5.3 路面坑槽标准器的研制

根据5.2节的研究,项目组可实现从路面坑槽数据采集到数据模型的建立,并通过5.2节中的定义原则性提取出坑槽的深度、面积及体积标准值,从而实现标准值的复现。考虑到不规则坑槽的数据采集及标准值复现本身存在主观因素,不确定度相对较大,项目组拟分别建立规则坑槽标准器、拟态坑槽标准器两组标准器,对坑槽三维检测设备的性能予以验证。

5.3.1 标准器的研制原则

标准器从理论原理到实物模型的研制过程一般遵循经济、科学性、实用性、易加工性、风险控制等方面的原则。

坑槽计量标准主要由不同尺寸的坑槽标准器及配套装置组成。坑槽标准器是由铝合金材质加工的不同尺寸、不同形状的金属试件组成的,试件表面做金属亚光处理,用于减少对于被检设备扫描激光的镜面反射,保证激光扫描数据的准确性。坑槽标准器的计量参数有两个,一个是坑槽面积,另一个是坑槽深度,此两项计量参数均由游标卡尺测得。

在坑槽标准器试件研制过程中,研究组主要考虑计量标准装置所用于检定或者校准的仪器设备的特点、交通行业对于此类设备计量性能的要求、激光三维测量设备的自身特性、激光测距的原理以及现有的成功经验,参考以下原则。

(1)量值溯源传递的合理性。

量值溯源传递应当按照相应的检定规程、校准规范等技术文件所要求的溯源传递途径有序进行。本项目研制的坑槽标准器试件作为比较测量的标准器,只起到量值传递的作用。因此,在保证坑槽标准器试件性能的稳定情况下,标准装置的量值溯源只需完成游标卡尺的溯源。

在标准器研制过程中,应对影响试件计量特性的影响因素进行确认评估。对试件的精度、测量范围或测量等级、制作工艺、装配方式、测量方向(角度)等技术要求进行严格的审定。这样既能减少量值传递过程中的误差,保证溯源的科学性、合理性、准确性,也可以缩短开发(研制)周期、节约成本。

(2)装置研制的可行性。

激光三维装置测量坑槽的原理是利用激光测距传感器扫描被测物体,由测量数据的点云生成三维模型,进而计算得到被测物体的计量特性指标。对于坑槽来说,计量参数就是被测坑槽标准器试件的面积及深度。因此,坑槽标准器的尺寸、形状、材质的反射特性等因素决定了是否能完整满足被检设备的计量性能。

坑槽标准器试件,作为一种实物装置,形状规则且尺寸不大于 500mm 的试件。因此,采用金属材质加工制作,成本低、周期短、材料性质稳定,有利于激光三维试验的开展,能完成坑槽标准器试件对于检定/校准工作的性能需求。

(3)技术实施的便利性。

激光三维检测设备一般是大型车载设备。目前行业内成熟的、通用方法是在试验路上进行试验检测,开展检定或校准工作,无法在室内完成量值溯源工作。因此,研制坑槽标准器时候,采用了表面亚光处理的铝合金材质,加工成不同尺寸等级的坑槽标准块试件。

加工完成的标准坑槽试件具有质量轻、携带方便、放置简单、测量准确等优点。在不同环境下,均有良好的稳定性,且制作成本较低、周期短,能满足计量标准的实施与量值溯源工作。

5.3.2　标准器材料的选择

1)材质对标准器影响的因素

(1)线膨胀系数 α:影响不同温度下标准器长度引入的不确定度和系统误差。

(2)密度:主要影响标准器使用时的便利性,应在满足标准器性能要求的情况下选取轻便可靠的材质。

(3)价格(包含机加工及表面处理等工艺价格):主要影响标准器成本及传标成本,越低越好。

(4)作业面平整度:主要影响标准器高度(深度)参数,一般做平行度和平面度。

(5)锈蚀、磕碰等破坏带来的影响:对于不同材质有不同的处理方法,基本可以规避或者忽略。

2)材质比较

各类材质的比较见表5-7。

各类材质的比较　　　　　　　　　表5-7

序号	材质名称	线膨胀系数 α (10^{-6}/℃) (20~100℃)	密度 (g/cm³)	原材料价格	表面处理工艺	表面处理价格	备注
1	铝合金	22.0~24.0	2.72~2.82	—	抗氧化及平面度	—	—
2	不锈钢	10.6~12.2	7.70~8.00	—	抗氧化及平面度	—	—
3	铜及其合金	17.8	8.50~8.90	—	抗氧化及平面度	—	成本较高,重量较大
4	铸铁	8.7~11.1	7.2~7.7	—	抗氧化及平面度	—	需要模具,成本较高
5	亚克力	130	≈1.20	—	平面度,做亚光不透明处理	—	表面处理价格较贵
6	花岗岩	3.0	1.79~3.07	—	—	—	不耐冲击及酸碱腐蚀
7	3D打印材质(ABS)	90	1.1	—	—	—	硬度低

(1)线膨胀系数。

通过计算发现,在20℃情况下,温度对标准器的影响,即线膨胀系数引入的最大误差(按最大边长250mm计算,温度变化量为5℃)$\Delta = 250mm \times \alpha \times 10^{-6}$/℃ $\times 5℃ =$

(0.00125α) mm。

（2）密度。

密度越小，便携性越好，更利于实际试验。

（3）价格。

铝合山为工程常用材料，相比不锈钢、铜合金、铸铁材料以及非金属材料在材料获取、加工、表面处理方面，市场有成熟工艺体系；相比使用其他材料制作试件，在价格上有明显的优势。

（4）作业面平整度

金属材质加工更加方便，非金属材质在做表面处理时费用更高，难度也更高。

表面平整度一般来说在微米（μm）级别，应该远小于计量器具测量引入的不确定度和待检设备测量分辨力，所以一般工艺即可满足要求。

（5）锈蚀、磕碰等破坏带来的影响

金属材质及岩石，需要做表面处理才能耐酸碱、氧化腐蚀，费用更高；非金属材质化学性质稳定，但硬度较小，碰撞容易损伤被测面。

综合考虑，选取铝合金作为标准器材质，工作面（标准面积）做平行度和平面度，其他部分做表面氧化处理，提高标准器的使用寿命与稳定性处理。

5.3.3 规则三维坑槽标准器的设计方案

为了验证车载式三维激光检测设备对突起边缘构件的识别精度，项目组初步设计规则坑槽标准器模型，如图 5-26 所示，不同高度的台阶所产生面积不同。因尺寸规则，可用游标卡尺直接获取规则坑槽标准器的深度、边长，计算获得面积值。此设计方案既体现了坑槽的深度变化，又能实现简便准确溯源，因为溯源路径简单，所以测量的不确定度较小，这是此方案的明显优势。

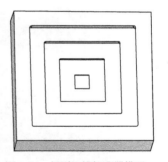

图 5-26 规则坑槽标准器模型

5.3.4 拟态三维坑槽标准器的设计方案

本着检定来源于检测，同时又高于检测的思路，在标准器设计对路面坑槽典型特征进行取样，使用手持式激光扫描仪对特征点进行提取，获得点云数据，对点云数据进行二次处理，重塑路面坑槽特征并转换为 CAD 模型。采用先进三轴加工中心对 CAD 模型进行加工，后对特征面表面纹理进行亚光、氧化处理，使实物模型与路面实际模型保持一致。

1）路面坑槽点云数据获取

对路面坑槽进行点云数据获取的目的是实现实体目标的表面模型重建，通过模型信息来准确地描述实体。扫描的实体重建通常可以分为两大类：一类是规则形状几何结构的重建，如规则的建筑结构和几何形体；另一种是形状不规则，表面结构复杂实体的重建，如路面、雕像等复杂实体。NURBS（Non-Uniform Rational B-Spline，非均匀有理 B 样条），它是既能精确地表达二次曲线弧与二次曲面，又能与描述自由曲线、曲面的 B 样条方法相统一的数学方法，可以用 NURBS 方法实现规则形体和非规则形体的表面重建。GeomagicStudio 仪器自带软件对扫描所得的点云数据进行处理，使用 NURBS 曲面进行拟合来创建曲面。

本书选取路面常见典型坑槽，用三维激光扫描仪对坑槽数据进行扫描，获得数据如图 5-27 所示。

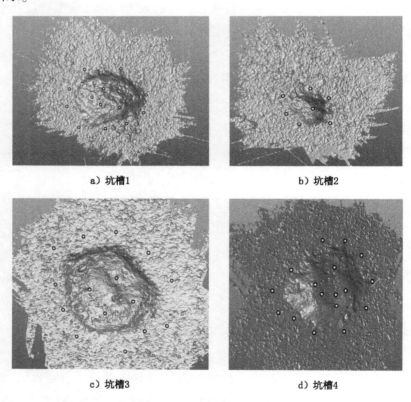

a）坑槽1　　　　　　　　b）坑槽2

c）坑槽3　　　　　　　　d）坑槽4

图 5-27　坑槽三维激光扫描图

2）路面坑槽扫描数据 CAD 转化

（1）表面填充、补孔。

使用 GeomagicStudio 软件实现曲面重建，需将三维激光扫描仪获取的三维坐标数据导入 GeomagicStudio 中。在 GeomagicStudio 中对导入的数据进行曲面化处理。通过"填充孔"命令进行填充，从而得到较好的完整表面，使其完全地构成封装的整体，如图 5-28 所示。

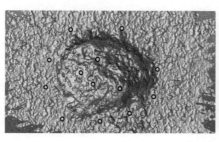 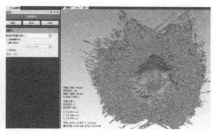

a）坑槽1填充、补孔处理图

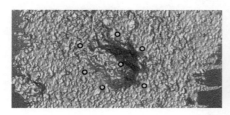 

b）坑槽2填充、补孔处理

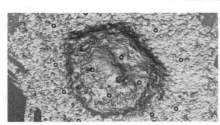 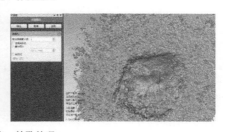

c）坑槽3填充、补孔处理

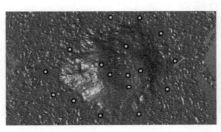 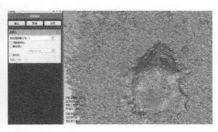

d）坑槽4填充、补孔处理

图 5-28　表面填充、补孔处理

(2) 表面构造曲面化。

孔洞填充后退出多边形阶段,进入曲面阶段。路面坑槽具有曲面复杂、细节特征丰富等特点,这些三维信息是坑槽的重要特征,所以需要对坑槽进行细致的轮廓划分,从而将坑槽三维尺寸误差控制在一定的范围内。通过精确曲面的构造,在坑槽表面构造曲面片网格,将复杂的表面分为细小的曲面,使曲面片网格变得均匀整齐,结果如图5-29所示。

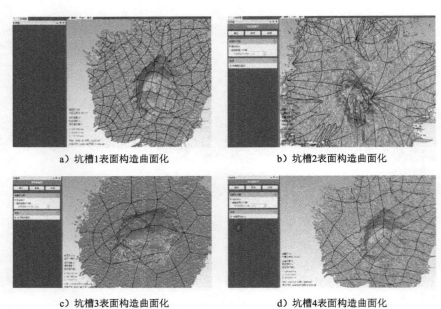

a) 坑槽1表面构造曲面化　　　　b) 坑槽2表面构造曲面化

c) 坑槽3表面构造曲面化　　　　d) 坑槽4表面构造曲面化

图5-29　表面构造曲面化

(3) 表面构造格栅。

将曲面片网格调整均匀后,通过"构造格栅"在每一片曲面内自动生成U向、V向控制线,如图5-30所示。

(4) 曲面拟合。

通过"拟合曲面化"生成三维可编辑CAD模型,如图5-31所示。

5.3.5　标准器的加工及处理

1) 规则标准器的加工

从方便、快捷的角度出发,在规则标准器加工时使用铝合金做标准件,在后续试验中发现由于表面粗糙度不够,很容易造成光线的反射,而并不能发生散射,因此又在该标准件上做喷砂氧化处理。

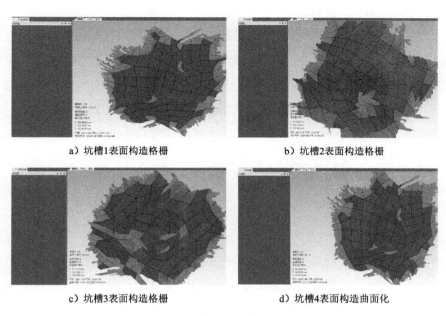

a)坑槽1表面构造格栅　　　　　　b)坑槽2表面构造格栅

c)坑槽3表面构造格栅　　　　　　d)坑槽4表面构造曲面化

图 5-30　表面构造栅格

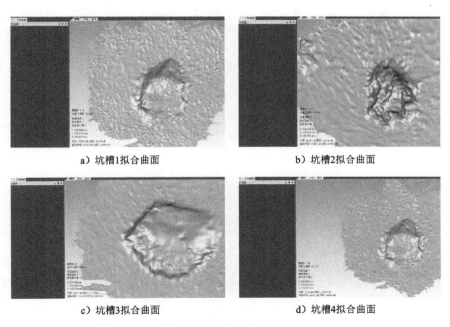

a)坑槽1拟合曲面　　　　　　b)坑槽2拟合曲面

c)坑槽3拟合曲面　　　　　　d)坑槽4拟合曲面

图 5-31　拟合曲面化

2）拟态标准器的加工

（1）功能实现的补充设计。

为准确实现三维激光检测仪的量值溯源以及性能验证，对标准器的加工和工艺进行了研讨，激光三维计量标准器的公差与其他零件制造过程一样，也应该满足一定的制造公差，因此，选用 JTVC855H 三轴加工中心及 $\phi6R3$ 球形刀对标准器结构进行加工。此外，为了控制其在使用中的磨损量、路面环境引起的变化量，还需对材料的表面进行处理以及热变化控制。材料表面，尤其是坑槽表面需进行特殊处理，满足激光测量的要求。标准器结构尺寸较大，在保证足够刚度的前提下应尽量减轻其质量，同时还要兼顾使用方便、检验性好、制造工艺性好等。

（2）反光纹理的设计。

坑槽模型材料采用铝合金加工，加工纹理、尺寸精度、表面粗糙度要求较高，同时，铝合金表面粗糙度高，有金属反光特性。目前三维激光检测仪常用激光器为三角测量原理，要求被检测物体表面不能发生镜面反射，如被检测物体表面发生镜面反射，会导致三维激光器无法接收激光信号，无法实现测量。为解决铝合金加工与三维激光器测量不一致的问题，借鉴以往成功案例，对加工成型的模型表面进行细喷砂处理，使模型表面发生漫反射，这种处理方式既不影响模型精度（一般都是微米级）又能兼顾三维激光器测量。

5.3.6　初步加工的标准器实物

1）规则标准器实物

规则坑槽标准器实物如图 5-32 所示。

图 5-32　规则坑槽标准器实物

2）拟态标准器实物

标准器经加工处理完成后，如图 5-33 所示，同时对标准器进行编号。长×宽×厚为 420mm×420mm×50mm，质量在 10kg 左右，结构沉稳，外形规整，坑槽突出，基准面单一，便于激光三维检测车获取标准器高程数据。

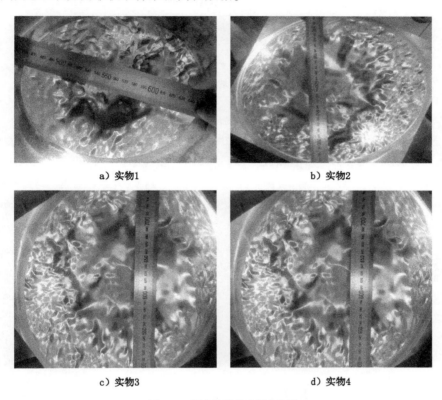

a）实物1　　　　　　　　　　　b）实物2

c）实物3　　　　　　　　　　　d）实物4

图 5-33　拟态坑槽标准器实物图

5.3.7　拟态标准器加工误差分析

标准器在加工过程中，为了满足加工需要，实现加工面的有效拟合，需要对坑槽点云的原始数据进行随机剔除，剔除点云数据的数量是本书研究的重点。

点云数据的剔除应确保加工后的标准器能较好地复现实际路面坑槽特征，实现标准器的路面拟态，最大限度地建立标准器与实际路面坑槽的关联性，真正实现计量准确的三维激光扫描设备在实际检测中也能获得较为理想的检测效果。同时，加工误差也应满足计量的要求。

因此，本小节对标准器的加工误差进行分析，对标准值的复现性进行验证。技术路线如图 5-34 所示，1 号坑槽扫描点云数据见表 5-8。

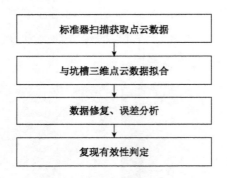

图 5-34　标准值复现性验证技术路线

1 号坑槽扫描点云数据　　　　　　　　　　　　　表 5-8

点　序　号	x 坐标位置	y 坐标位置	z 坐标位置
1	118.41986	-224.50964	400.43579
2	119.98804	-224.25671	400.02490
3	120.00128	-224.09692	400.06921
4	120.30725	-224.07190	399.96802
5	120.99817	-223.06995	400.01379
6	121.16949	-223.05884	399.96655
7	121.01300	-222.10840	400.11353
8	121.30469	-222.74207	399.97168
9	121.43829	-221.66296	400.06458
10	117.08887	-224.50940	401.13196
11	117.92084	-224.53381	400.74829
…	…	…	…

对 1 号坑槽实际采集的点云数据进行随机精简，简化数量分别是 5%、10%、15%，并对简化后数据进行加工。

1）坑槽数据拟合处理

（1）为了实现坐标系统一，将两组三维点云数据进行坐标系平移，以保证两者可以进行差值计算。

坐标转换依据如下公式进行：

$$[x_N y_N z_N]_{n\times 3} = [xyz]_{n\times 3} \times [R_x]_{3\times 3} \times [R_y]_{3\times 3} \quad (5-5)$$

式中：$[x_N y_N z_N]$——调整后的新坐标，转动转角在相应平面内逆时针为正。

绕 x 轴的旋转定义为：

$$R_x(\theta_x) = \begin{bmatrix} 1 & 0 & 0 \\ 0 & \cos\theta_x & \sin\theta_x \\ 0 & -\sin\theta_x & \cos\theta_x \end{bmatrix} = \exp\left(\begin{bmatrix} 0 & 0 & 0 \\ 0 & 0 & -\theta_x \\ 0 & \theta_x & 0 \end{bmatrix}\right) \quad (5\text{-}6)$$

绕 y 轴的旋转定义为：

$$R_y(\theta_y) = \begin{bmatrix} \cos\theta_y & 0 & -\sin\theta_y \\ 0 & 1 & 0 \\ \sin\theta_y & 0 & \cos\theta_y \end{bmatrix} = \exp\left(\begin{bmatrix} 0 & 0 & \theta_y \\ 0 & 0 & 0 \\ -\theta_y & 0 & 0 \end{bmatrix}\right) \quad (5\text{-}7)$$

转换坐标后的点云图如图 5-35 所示。

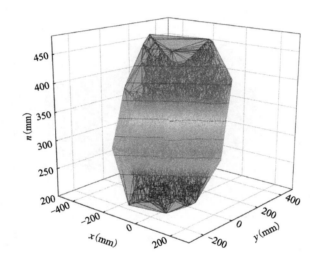

图 5-35　转换坐标后的点云图

坑槽的实际三维点云图如图 5-36 所示，简化后如图 5-37 所示。

图 5-36　坑槽实际三维点云图　　　　图 5-37　简化后的三维点云图

(2)坑槽拟态标准器的点云数量小于实际坑槽扫描的点云数量,命令搜索边缘点,中间点位通过内插补齐。拟合后的点云图如图 5-38~图 5-40 所示。

图 5-38　与简化 5% 点云加工件的数据拟合　　图 5-39　与简化 10% 点云加工件的数据拟合

图 5-40　与简化 15% 点云加工件的数据拟合

2)1 号坑槽误差分析

以 x 坐标为基准,进行各点位差值计算。

因为已经转入 xy 平面,且已经补齐特征点,故示值误差仅为 z 的误差计算,即:

$$\Delta z_i = z_{加工} - z_{原始} \tag{5-8}$$

式中：Δz_i——某点加工示值误差；

$z_{加工}$——加工标准器某点 z 坐标；

$z_{原始}$——原坑槽某地扫描 z 坐标。

3)标准值复现有效性的判定

标准差(Standard Deviation),又称均方差,但不同于均方误差(Mean Squared Error,

MSE),均方误差是各数据偏离真实值差值的平方和的平均数,也就是误差平方和的平均数。均方误差的开方叫均方根误差,均方根误差才和标准差形式上接近。

各 Δz 的均方差,按下式计算:

$$\sigma(r) = \sqrt{\frac{1}{N}\sum_{i=1}^{N}(x_i - r)^2} \tag{5-9}$$

$$\sum_{i}^{n}\sigma = 0 \tag{5-10}$$

$$\Delta z_{max} < \frac{1}{10}z_{max} \tag{5-11}$$

综上,通过四个坑槽的复现性验证可知,当随机减少点云数据数量在 10% 时,其与原始点云数据有较好的拟合效果,能较好地复现实际坑槽特征值,因此,加工过程的点云数据简化不能超过点云总数的 10%。

5.3.8 用于试验验证的拟态标准器实物

为了接近实际路面颜色,使其反光性不会对被检设备造成影响,对初加工的标准器采用黑色喷砂处理,实物如图 5-41 所示。

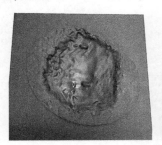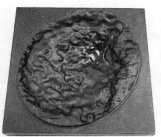

图 5-41 标准器实物图

5.4 三维坑槽标准器计量适用性验证

5.4.1 规则三维坑槽标准器适用性验证

采用型号为 HandySCAN300 的手持式三维激光检测设备和车载式三维激光检测设备对规则三维坑槽标准器进行试验,试验数据见表 5-9 和表 5-10。

规则三维坑槽标准器测量数据及标准值　　　　表5-9

病害类别	病害序号	统计信息	车1	车2	车3	车4	车5	标准值
坑槽	第1层	面积(m^2)	0.0196	0.0196	0.0196	0.0196	0.0196	0.01959
		深度(mm)	9.996	9.948	10.014	10.002	10.012	10
	第2层	面积(m^2)	0.01	0.01	0.01	0.01	0.01	0.00999
		深度(mm)	20.01	19.946	19.988	20.012	20.062	20
	第3层	面积(m^2)	0.0036	0.0036	0.0036	0.0036	0.0036	0.00359
		深度(mm)	30.064	29.99	29.994	29.948	30.032	30
	第4层	面积(m^2)	0.0004	0.0004	0.0004	0.0004	0.0004	0.00039
		深度(mm)	34.422	34.406	34.616	34.452	34.436	35

坑槽标准器模型测量数据相对误差　　　　表5-10

病害类别	病害序号	统计信息	车1	车2	车3	车4	车5
坑槽	第1层	面积(m^2)	0.00%	0.00%	0.00%	0.00%	0.00%
		深度(mm)	0.04%	0.52%	0.14%	0.02%	0.12%
	第2层	面积(m^2)	0.00%	0.00%	0.00%	0.00%	0.00%
		深度(mm)	0.03%	0.29%	0.08%	0.04%	0.29%
	第3层	面积(m^2)	0.00%	0.00%	0.00%	0.00%	0.00%
		深度(mm)	0.21%	0.03%	0.02%	0.17%	0.11%
	第4层	面积(m^2)	0.00%	0.00%	0.00%	0.00%	0.00%
		深度(mm)	1.65%	1.70%	1.10%	1.57%	1.61%

由此可见，规则坑槽标准器适用性和数据结果均较为理想，并不会因为边缘高出地面而影响三维检测设备的数据采集及分析处理，其溯源实现性良好。

5.4.2 拟态三维坑槽标准器适用性验证及基于实际坑槽误差修正的坑槽计量方法研究

1）算法思路

手持式三维激光检测设备获取坑槽模型的表面形貌点云数据，作为参考数据。用车载式三维激光检测设备对模拟坑进行数据获取，从坑槽深度、面积和体积三个维度指标，分析车载式三维激光检测设备的检测误差，并根据误差规律，设计误差补偿算法。

(1)坑槽多维指标提取。

计算坑槽的深度、面积和体积三个指标。

①提取坑槽边缘轮廓点云数据:将坑槽外沿数据的平均值作为该坑槽的基准面,将坑槽最深点到基准面的距离定义为坑槽深度。

②计算坑槽面积:坑槽凹下部分点云数据与基准面的交点即为坑槽的上表面边缘轮廓点,选取 X 轴上分为 n 个等间距的点,近似多个梯形微元,梯形微元逼近,计算坑槽边缘轮廓面积,计算公式如下:

$$S = \sum_{i=0}^{n} \Delta S_i = \frac{1}{2} \sum_{i=0}^{n} \Delta x (y_i + y_{i-1}) \tag{5-12}$$

式中:S——坑槽面积;

ΔS_i——每个梯形微元面积;

Δx——梯形微元的高度;

y_i、y_{i-1}——梯形的上、下底长度。

③计算坑槽体积:坑槽体积为高程最大等高线与高程最小等高线包含的三维点云空间体积,沿垂直于地面与多个高度相等的梯台微元,梯台微元逼近,计算坑槽体积:

$$V = \sum_{j=0}^{j} V_j = \frac{1}{3 \times \Delta z} \sum_{j=1}^{j} (S_j + S_{j-1} + \sqrt{S_j \times S_{j-1}}) \tag{5-13}$$

式中:V——坑槽体积;

V_j——梯台微元体积;

Δz——梯台微元的高;

S_j、S_{j-1}——梯台的上、下表面积。

(2)坑槽等高线轮廓数据分析。

采用等高线轮廓提取法对两种设备坑槽检测结果进行分析,步骤如下。

①将坑槽点云数据按照深度进行分割,从基准面开始,提取坑槽等高线轮廓数据,等高线的深度分割间隔为 n,n 应大于或等于设备采样间隔。

②提取坑槽不同深度的点云轮廓,得到坑槽等高线轮廓点云数据。

③利用近似多个梯形微元逼近的方法,计算坑槽不同等高线上的轮廓面积,如图 5-42 所示。

④分析对比同一个坑槽手持式和车载式三维激光检

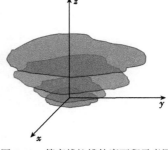

图 5-42 等高线坑槽轮廓面积示意图

测获得的等高线轮廓面积值,并分析得到误差变化规律。

(3)误差补偿算法。

根据坑槽等高线轮廓面积的误差变化规律,建立点云数据坐标修正模型,分析坑槽等高线上面积及坑槽体积,不涉及坑槽深度,因此,该修正算法主要是对点云坐标的伸缩变化,计算公式如下。

$$P_i' = P_i M_s = [x_i, y_i, z_i, w] \begin{bmatrix} s_x & 0 & 0 & 0 \\ 0 & s_y & 0 & 0 \\ 0 & 0 & s_z & 0 \\ 0 & 0 & s & w \end{bmatrix} = [x_i \times s_x, y_i \times s_y, z_i \times s_z, w] \quad (5\text{-}14)$$

其中修正缩放矩阵 M_s 为:

$$M_s = \begin{bmatrix} s_x & 0 & 0 & 0 \\ 0 & s_y & 0 & 0 \\ 0 & 0 & s_z & 0 \\ 0 & 0 & s & w \end{bmatrix} \quad (5\text{-}15)$$

式中:$P_i = [x_i, y_i, z_i, w]$——点云坐标矩阵,经过修正缩放后为 P_i';

w——齐次化坐标,用 1 表示;

s_x、s_y、s_z——计算等高线轮廓点云坐标的最佳修正量。

根据坑槽等高线轮廓面积的误差拟合函数确定修正缩放矩阵 M_s,误差补偿算法流程如图 5-43 所示。

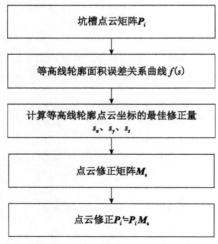

图 5-43 误差补偿算法流程

基于等高线轮廓的坑槽误差补偿算法，首先用两种设备采集被测坑槽模型点云集，经过除噪处理后，得到有效坑槽点云数据，将坑槽点云数据按等高线提取坑槽等高线轮廓点云，计算不同等高线轮廓面积。以手持式三维激光检测设备获取的数据为基准，计算车载式三维激光检测设备的等高线轮廓面积误差，拟合误差曲线。最后，得到坑槽点云坐标最佳修正量，对车载式三维激光检测设备点云数据进行误差修正。

2）试验设计及验证

采用型号为HandySCAN300的手持式三维激光检测设备和车载式三维激光检测设备进行试验，设备实物如图5-44所示。由于激光采样间隔是影响检测精度和检测效率的，为了避免因设备参数设置差异引入误差，试验设备参数设置应保持一致；手持式三维激光检测设备的采样间隔设置为1.00mm；车载式三维激光检测设备采样间隔设置为1.00mm，车速30km/h。

a）手持式

b）车载式

图5-44 三维激光扫描仪

被测对象为实验室制的模拟坑槽1、模拟坑槽2和实际路面坑槽；模拟坑槽1和2均为铝合金材质，表面模拟路面坑槽形状，做表面喷砂及氧化黑色处理，防止表面镜面反射，实物如图5-45所示。沥青路面坑槽如图5-46所示。

a）模拟坑槽1

b）模拟坑槽2

图5-45 路面模拟坑槽

图 5-46　沥青路面坑槽

随机选取路面坑槽并用手持式三维激光检测设备和车载式三维激光路面检测设备进行检测，得到两组点云数据，受路表纹路、杂物和光照等因素的影响，获取的坑槽表面点云可能还包括异常点、缺失点等噪声，经过均值滤波平滑处理后形成有效数据。

为保证检测环境一致，将坑槽模型 1 和 2 放置于实际路面坑槽附近，分别用手持式和车载式三维激光检测设备进行数据采集。用车载式三维激光检测设备对坑槽模型和实际路面坑槽进行数据采集时，应尽量保证坑槽距离车载设备轮迹带的距离一致，避免因坑槽位置不同导致的检测结果不准确。由于激光采样间隔是影响检测精度和检测效率的，为了避免因设备参数设置差异引入误差，试验设备参数设置应保持一致。手持式三维激光检测设备和车载式三维激光检测设备采样间隔均设置为 1.00mm，车速 30km/h。手持式获取的坑槽模型 1 和 2 的点云数据二维成像图如图 5-47 所示。

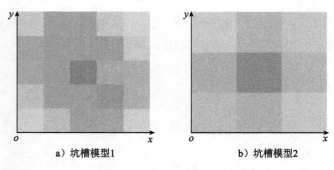

a）坑槽模型1　　　　　　b）坑槽模型2

图 5-47　坑槽模型 1 和 2 的二维成像图

3）试验结果及分析

计算坑槽模型 1、2 及沥青路面坑槽的深度、面积和体积，对比两种设备检测的坑槽多维度指标。

两种设备的检测结果中,坑槽深度的误差较小,表明两种设备对坑槽深度的识别误差较小;三种坑槽表面轮廓面积最大相对误差为13.0%,坑槽体积最大相对误差为-8.3%。结果表明:车载式三维激光设备检测的点云数据,在深度方向检测结果的准确性基本一致,而对于面积及体积的检测误差,受坑槽尺寸和形状影响较大,见表5-11。同时,检测结果表明,车载式三维激光检测设备检测误差主要是由点云坐标X和Y方向的偏差导致的,对于深度Z方向的识别误差较小。因此,可以通过分析坑槽在不同深度的检测误差,获得车载式三维激光设备检测的点云偏移规律,用于补偿沥青路面坑槽检测数据,提高车载式设备的检测准确度。

坑槽多维度指标计算结果　　　　　　　　　　表5-11

序号	指标	手持式	车载式	误差
坑槽模型1	深度(mm)	26.8	27.0	0.8%
	面积(mm^2)	4591	4738	3.2%
	体积(mm^3)	44433	45945	3.4%
坑槽模型2	深度(mm)	25.3	25.5	1.2%
	面积(mm^2)	23957	27081	13.0%
	体积(mm^3)	258835	270808	4.6%
沥青路面坑槽	深度(mm)	45.6	46.1	1.1%
	面积(mm^2)	241479	233270	-3.4%
	体积(mm^3)	5906515	5418930	-8.3%

对坑槽模型1和2的点云进行等高线坑槽轮廓数据提取,并计算不同等高线坑槽轮廓面积及误差。根据坑槽深度,对坑槽点云进行等高线划分,平均分成n个等高点,n的选取可以根据点云数据量及坑槽尺寸选择适当的个数,原则上n越多,后续做误差补偿效果越好;由于坑槽模型1和2深度较浅,两个坑槽深度相近,设置$n=18$,分别为n_1~n_{18},由于检测设备的采样间隔为1mm,选取1/2采样间隔值作为等高线点云提取的阈值,得到n个等高线坑槽轮廓线,坑槽模型1和2的等高线轮廓点云数据如图5-48所示。当$n=1$和10时,手持式三维激光设备的等高线轮廓点云数据轮廓清晰,因此,该等高线坑槽轮廓数据提取方法有效可行。利用式(5-9)计算两组点云数据的等高线坑槽轮廓面积,试验结果见表5-12和表5-13。

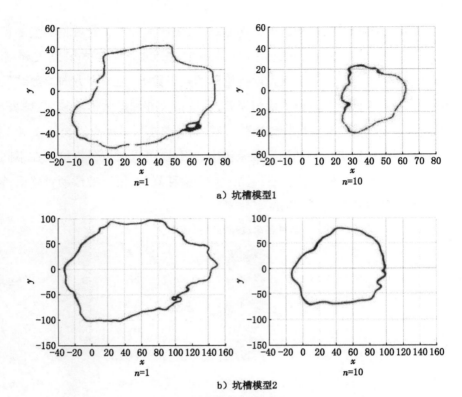

a) 坑槽模型1

b) 坑槽模型2

图 5-48 坑槽模型等高线轮廓点云图

坑槽模型 1 的等高线坑槽轮廓面积 表 5-12

等高线序号	手持式轮廓面积（mm^2）	车载式轮廓面积（mm^2）	误差（%）
1	4591	4738	3.2
2	4355	4466	2.5
3	4132	4182	1.2
4	3885	3894	0.2
5	3685	3669	-0.4
6	3373	3516	4.2
7	3164	3336	5.4
8	2799	3086	10.3
9	2493	2769	11.1
10	2210	2446	10.7
11	1994	2053	3.0
12	1779	1606	-9.7
13	1460	1236	-15.3

续上表

等高线序号	手持式轮廓面积（mm²）	车载式轮廓面积（mm²）	误差（%）
14	1259	1112	-11.7
15	1033	1072	3.8
16	874	1030	17.8
17	735	931	26.7
18	612	803	31.2

坑槽模型 2 的等高线坑槽轮廓面积　　　　表 5-13

等高线序号	手持式轮廓面积（mm²）	车载式轮廓面积（mm²）	误差（%）
1	23957	27081	13.0
2	22799	24107	5.7
3	21668	22716	4.8
4	20659	21515	4.1
5	19734	20283	2.8
6	18859	19224	1.9
7	17887	18127	1.3
8	16615	17135	3.1
9	15418	15995	3.7
10	14171	14969	5.6
11	13140	14039	6.8
12	12100	12905	6.7
13	10814	11548	6.8
14	9673	9771	1.0
15	7914	7768	-1.8
16	5879	5882	0.1
17	4319	4331	0.3
18	3229	3412	5.7

　　由表 5-12、表 5-13 可知，两种设备在不同深度的检测精度不一致，等高线上的坑槽面积差没有明显规律，检测误差受坑槽形状及尺寸影响较大。对手持式设备检测数据的坑槽面积与等高线进行曲线拟合，可以看出坑槽面积与等高线存在一定的关系，对两个

坑槽的等高线轮廓面积与等高线做数据回归分析,得出等高线轮廓面积和坑槽等高线的关系,如图 5-49 所示。由计算结果可知,坑槽模型 1 和 2 均可以形成一元二次回归方程方程;利用该拟合方程计算得出坑槽点云坐标修正缩放矩阵 M_s,对车载式设备点云数据进行修正,完成点云数据补偿,补偿前后的对比数据如图 5-49 所示。

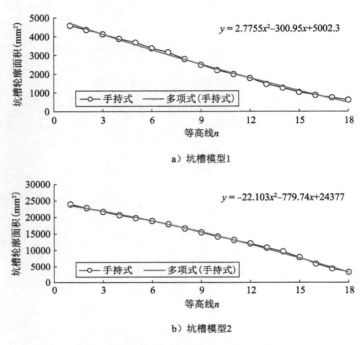

a) 坑槽模型1

b) 坑槽模型2

图 5-49　坑槽等高线轮廓面积曲线拟合

如图 5-50 所示,补偿后的等高线轮廓面积均不同程度地接近手持式等高线轮廓面积,补偿效果明显。为了验证该补偿算法的有效性,对沥青路面坑槽点云数据进行分析,手持式和车载式的等高线轮廓对比如图 5-51 所示,可以看出补偿前的两组数据存在较大的差异。通过该补偿算法对车载式数据进行点云坐标修正,完成误差补偿,补偿前后的等高线轮廓面积对比如图 5-52 所示。通过对比车载式坑槽点云数据补偿前后的等高线轮廓面积可知,补偿后的轮廓面积更接近手持式相应的等高线轮廓面积,可以有效地证明该补偿算法的可行性;由于选取的沥青路面坑槽尺寸较大,所以在进行等高线轮廓面积曲线拟合时,选用了分段拟合多项式的方法,计算出修正缩放矩阵 M_s,最后对沥青路面坑槽车载式坑槽点云数据修正补偿。坑槽模型 1、2 和沥青路面坑槽补偿前后的多维度指标结果见表 5-14。

第5章 路面坑槽三维检测设备计量技术研究

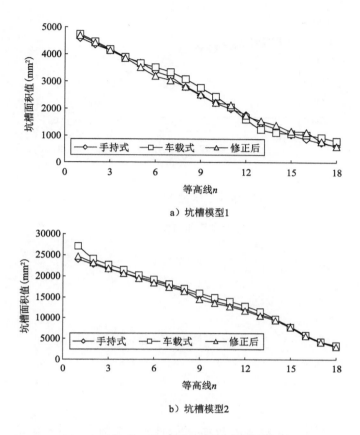

a）坑槽模型1

b）坑槽模型2

图 5-50 坑槽模型误差补偿后等高线轮廓面积对比

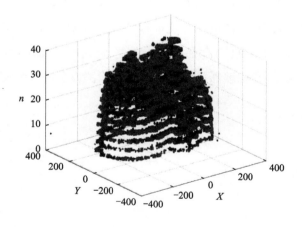

图 5-51 沥青路面坑槽等高线轮廓点云数据

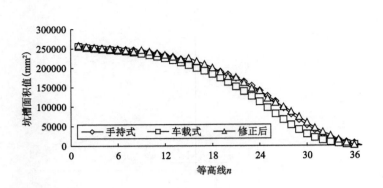

图 5-52　沥青路面坑槽误差补偿后等高线轮廓面积对比

补偿后的面积与体积计算结果　　　　　　　表 5-14

序　号	指　标	手　持　式	车　载　式	补偿前误差（%）	补偿后误差（%）
坑槽模型1	面积(mm^2)	4591	4738	3.2	2.2
	体积(mm^3)	44433	45945	3.4	1.1
坑槽模型2	面积(mm^2)	23957	27081	13.0	2.9
	体积(mm^3)	258835	270808	4.6	1.4
沥青路面坑槽	面积(mm^2)	241479	233270	-3.4	0.5
	体积(mm^3)	5906515	5418930	-8.3	0.7

以手持式设备采集坑槽点云数据为基准,计算补偿前后车载式设备采集坑槽点云数据的面积和体积指标。由表 5-14 可知,坑槽模型 1、2 和沥青路面坑槽的面积和体积的检测误差均得到了改善,坑槽尺寸越大,该算法的补偿效果越好。

由算法的补偿效果得知,被检三维坑槽检测设备能对三维拟态标准装置进行识别,其识别效果与标准值(约定真值)存在一定的误差,通过修正减小误差值,可起到提高被检设备准确度的效果,拟态标准器可作为坑槽三维检测设备的计量使用。

第 6 章

激光三维检测设备测量结果的不确定度评定

6.1 激光三维平整度检测设备测量结果的不确定度评定及表述

6.1.1 概述

三维激光平整度仪是应用高频率线激光测距或使用点激光扫描仪采集路面点云数据,使用国际平整度算法计算特定路面纵断面国际平整度指数(IRI)值的设备,主要由激光测距系统、纵向测距传感器和计算机处理系统等部分组成。

6.1.2 纵向距离测量结果的不确定度

(1)测量模型的建立。

$$\Delta = \frac{l_1 - l_0}{l_0} \times 100\% \tag{6-1}$$

式中:Δ——纵向距离传感器示值相对误差;

l_0——标准装置测得的纵向距离,m;

l_1——被检设备测得的纵向距离,m。

(2)不确定度分量的评定。

①被检设备测量过程引入的不确定度 u_1。

选取典型设备,设置测量长度为500m,重复性条件下进行三次测量,所得数据分别为500.05m、500.03m、500.09m。

用极差法计算标准差(测量3次,极差系数 C_n 取1.69):

$$S_1 = \frac{l_{\max} - l_{\min}}{C_n} \times 100\% \tag{6-2}$$

代入计算得:$S_1 = 0.0355\text{m} = 35.5\text{mm}$。

$$u_1 = \frac{S_1}{\sqrt{n}} \tag{6-3}$$

代入计算得:$u_1 = 20.5\text{mm}$。

②标准装置引入的不确定度 u_2。

根据全站仪证书可得,全站仪的不确定度 u_2 为 $0.6\text{mm} + 1 \times 10^{-6}D$,以500m计,

$u_2 = 0.6\text{mm}$。

(3) 合成标准不确定度的计算。

① 不确定度分量的汇总。

三维激光平整度仪纵向距离传感器示值校准结果的不确定度分量汇总见表6-1。

不确定度分量汇总　　　　　表6-1

序号	不确定度来源	不确定度分量	类别	分布
1	被检设备测量过程的不确定度	$u_1 = 20.5\text{mm}$	A	—
2	标准装置测值的不确定度	$u_2 = 0.6\text{mm}$	B	正态

② 不确定度的合成。

合成标准不确定度为：

$$u_c = \sqrt{u_1^2 + u_2^2} \tag{6-4}$$

计算得：$u_c = 20.508\text{mm}$，修约为：$u_c = 21\text{mm}$。

(4) 合成扩展不确定度的计算。

取 $k = 2$，则有：

$$U = 42\text{mm}$$

测量长度为500m时，相对不确定度为：$U_r = 0.01\%$，$k = 2$。

(5) 不确定度报告。

纵向距离测量不确定度为：$U_r = 0.01\%$，$k = 2$。

6.1.3 IRI 校准结果的不确定度

(1) 测量模型的建立。

$$\Delta = \frac{l_1 - l_0}{l_0} \times 100\% \tag{6-5}$$

式中：Δ——IRI 误差；

l_0——IRI 标称值，m/km；

l_1——被检设备测得的 IRI 值，m/km。

(2) 标准装置的不确定度。

根据平整度仪标准装置的工作原理以及计量标准器和主要配套设备的工作条件，标准装置所提供的试验线路高程测量结果所受到的影响因素包括检定装置试验路组块重复性测量、平整度组块环境稳定性、试验路路面环境稳定性、精密水准仪影响量、全站仪影响量(测距)、全站仪(环境)稳定性(测距)六个。为了便于表述与计算,将不确定度的来源和表示等以表 6-2 形式列出。

平整度仪标准装置不确定度来源及计算   表 6-2

序号	不确定度来源	符号	类别	分布,k_i	标准不确定度分量	自由度 n_i
1	试验路组块重复性测量	Δ_1	A	均匀,$k_1=\sqrt{3}$	$u_1=\Delta_1/\sqrt{3}$	10
2	平整度组块环境稳定性	Δ_2	A	正态,$k_2=3$	$u_2=\Delta_2/3$	8
3	试验路路面环境稳定性	Δ_3	A	正态,$k_3=3$	$u_3=\Delta_3/3$	8
4	精密水准仪影响量	U_4	B	正态,$k_4=3$	$u_4=U_4/3$	很大
5	全站仪影响量(测距)	U_5	B	正态,$k_5=3$	$u_5=U_5/3$	很大
6	全站仪(环境)稳定性(测距)	Δ_6	A	正态,$k_6=3$	$u_6=U_6/3$	8

①试验路组块重复性测量 u_1。

测量 IRI 为 2.77m/km 平整度路面,测量值分别为 2.77m/km、2.77m/km、2.78m/km、2.77m/km、2.77m/km、2.77m/km、2.77m/km、2.77m/km、2.77m/km、2.78m/km。平均值为 2.772m/km,标准差为 0.004m/km,相对不确定度 $u_1=(0.004/2.772)/1.732=0.088\%$。

②平整度组块环境稳定性 u_2。

任选一个试块(厚度均为 20mm)放置在室外环境下观测,观测温度从 20℃到 45℃,温度影响观测结果(高度变化),结果分别为 20.213(20℃)、20.231(23℃)、20.247(26℃)、20.241(29℃)、20.365(32℃)、20.366(36℃)、20.354(39℃)、20.367(45℃)。平均值为 20.298,标准差为 0.070,相对不确定度 $u_2=(0.070/20.298)/3=0.115\%$。

③试验路路面环境稳定性 u_3。

对试验平台道路(不设试块),在不同温度下观测断面变化,观测温度从 20℃到 45℃(从春季开始观测),观测结果(计算成国际平整度指数)分别为 1.91(21℃)、1.92(25℃)、1.92(29℃)、1.93(33℃)、1.92(37℃)、1.92(40℃)、1.93(43℃)、1.92(45℃)。平均值为 1.92,标准差为 0.006,$u_3=(0.006/1.92)/3=0.104\%$。

④精密水准仪影响量 u_4。

由检定证书获得测站单次高差标准差为 0.06mm,通过控制水准测量方法,可以保证因 i 角存在产生的测量误差不大于 0.1mm,由此得到水准测量相邻点高差的最大误差为 0.16mm。通过 IRI 计算程序计算得到因水准仪测量误差引出的 IRI 值误差为 0.01m/km,以提供的最小 IRI 值 1.92m/km 做参考,最大 $u_4=(0.01/1.92)/3=0.17\%$。

⑤全站仪影响量(测距)u_5。

由检定证书获得,$u_5=0.000069\%/3=0.000023\%$。

⑥全站仪(环境)稳定性(测距)u_6。

选取长度距离20m,无风天气,观测温度从20℃到45℃,观测点不动,距离测量分别为20.0042(20℃)、20.0045(23℃)、20.0043(26℃)、20.0045(29℃)、20.0041(33℃)、20.0047(36℃)、20.0051(40℃)、20.0042(45℃)。平均值为20.0045,标准差为0.00033,$u_6 = 0.000058\%/3 = 0.00002\%$。

⑦标准装置合成不确定度u_0。

据$u_0 = \sqrt{\sum_{i=1}^{6} u_i^2}$,$i = 1 \sim 6$,计算得到$u_0 = 0.246\%$。

(3)重复测量所带来的不确定度。

校准过程中采用10次重复测量平均值作为仪器示值误差的计算依据。在平整度试验专用道路上进行试验,用车载式路面平整度仪标准装置,在相同条件下短时间用同一设备重复测量10次,测量数据见表6-3。

校准结果重复性试验数据　　　　　　　　　　　　　　　表6-3

次数	1	2	3	4	5	6	7	8	9	10	平均值
结果(m/km)	1.78	1.79	1.77	1.80	1.79	1.81	1.81	1.80	1.73	1.78	1.79

根据公式:

$$u_2 = s(\overline{X}) = s(X)/\sqrt{n} \tag{6-6}$$

$$u_{r2} = \frac{u_2}{\overline{X}} \tag{6-7}$$

得到的计算结果见表6-4。

校准结果不确定度计算结果　　　　　　　　　　　　　　表6-4

项目	$\overline{X}_1$ (m/km)	u_2	u_{r2}
结果	1.79	0.75%	0.42%

(4)合成标准不确定度计算。

合成标准不确定度是由各标准不确定度分量合成得到的,由于各分量之间不相关,故用下式计算:

$$u_{rc} = \sqrt{u_{r1}^2 + u_{r2}^2} \tag{6-8}$$

计算结果为$u_{rc} = 0.49\%$。

(5)校准结果相对扩展不确定度计算。

标准装置校准结果相对扩展不确定度为:$U_r = k u_{rc}$,一般取$k = 2$。

计算结果为:$U_r = 0.98\%$,$k = 2$。

(6)取最大校准结果相对扩展不确定度计算。

当校准结果不确定度最小值小于5%时,一般取$U_r=5\%$,计算结果为$U_r=5\%$,$k=2$。

6.2 激光三维车辙检测设备测量结果的不确定度评定及表述

6.2.1 概述

激光车辙仪分为两类,第一类为应用激光测距技术直接测量路面横断面高程并计算路面车辙深度的设备,主要由激光测距传感器、纵向测距传感器和计算机处理系统等部分组成;第二类为应用激光、图像采集技术,通过对投射到路面上的激光线的变形计算路面车辙深度的设备,主要由激光光源、数字图像采集装置、纵向测距传感器和计算机数字图像处理系统等部分组成。

6.2.2 垂直距离测量结果的不确定度评定

(1)测量模型的建立。

$$\Delta = l_1 - l_2 \tag{6-9}$$

式中:Δ——垂直测距传感器示值误差;

l_1——被检设备测得的垂直距离,mm;

l_2——量块标称值,mm。

(2)不确定度分量的评定。

①被检设备测量过程引入的不确定度u_1。

选取典型设备,测量标称高度值为20mm标准量块,重复三次测量,所得数据分别为20.1mm、20.0mm、20.1mm。用极差法计算标准差(测量3次,极差系数C_n取1.69):

$$S_1 = \frac{l_{max} - l_{min}}{C_n} \tag{6-10}$$

代入计算,得$S_1 = 0.059$mm。

$$u_1 = \frac{S_1}{\sqrt{n}} \tag{6-11}$$

代入计算,得 $u_1 = 0.034\text{mm}$。

②标准装置引入的不确定度 u_2。

根据量块证书可得,量块的不确定度 u_2 为 $0.15\mu\text{m} + 0.75 \times 10^{-6}D$,其中 D 为测量高度,取 20mm,$u_2 = 0.15\mu\text{m}$。

(3) 合成标准不确定度的计算。

①不确定度分量的汇总。

车载式路面车辙仪垂直距离传感器示值测量结果的不确定度分量汇总见表6-5。

不确定度分量汇总表　　　　　　　　　　　表6-5

序号	不确定度来源	不确定度分量	类别	分布
1	被检设备测量过程的不确定度	$u_1 = 0.034\text{mm}$	A	—
2	标准装置测值的不确定度	$u_2 = 0.00015\text{mm}$	B	正态

②不确定度的合成。

合成标准不确定度为:

$$u_c = \sqrt{u_1^2 + u_2^2} \tag{6-12}$$

计算得 $u_c = 0.034\text{mm}$。

(4) 合成扩展不确定度的计算。

取 $k = 2$,则:

$$U = k \times u_c \tag{6-13}$$

测量高度为 20mm 时,垂直距离校准结果的扩展不确定度为: $U = 0.068\text{mm}, k = 2$。

(5) 不确定度报告。

垂直距离测量结果的扩展不确定度为: $U = 0.07\text{mm}, k = 2$。

6.2.3　纵向距离测量结果的不确定度评定

(1) 测量模型的建立。

$$\Delta = \frac{l_1 - l_0}{l_0} \times 100\% \tag{6-14}$$

式中:Δ——纵向距离传感器示值相对误差;
　　　l_0——标准装置测得的纵向距离,m;
　　　l_1——被检设备测得的纵向距离,m。

(2) 不确定度分量的评定。

①被检设备测量过程引入的不确定度 u_1。

选取典型设备,设置测量长度为500m,重复性条件下进行三次测量,所得数据分别为500.05m、500.03m、500.09m。

用极差法计算标准差(测量3次,极差系数C_n取1.69):

$$S_1 = \frac{l_{max} - l_{min}}{C_n} \times 100\% \tag{6-15}$$

代入计算,得$S_1 = 0.0355m = 35.5mm$。

$$u_1 = \frac{S_1}{\sqrt{n}} \tag{6-16}$$

代入计算,得$u_2 = 20.5mm$。

②标准装置引入的不确定度u_2。

根据全站仪证书可得,全站仪的不确定度u_2为$0.6mm + 1 \times 10^{-6}D$,其中$D$为测量长度,取500m,得$u_2 = 0.6mm$。

(3)合成标准不确定度的计算。

①不确定度分量的汇总。

车载式路面激光平整度仪纵向距离传感器示值校准结果的不确定度分量汇总见表6-6。

不确定度分量汇总表　　　　表6-6

序号	不确定度来源	不确定度分量	类别	分布
1	被检设备测量过程的不确定度	$u_1 = 20.5mm$	A	—
2	标准装置测值的不确定度	$u_2 = 0.6mm$	B	正态

②不确定度的合成。

合成标准不确定度为:

$$u_c = \sqrt{u_1^2 + u_2^2} \tag{6-17}$$

计算得:$u_c = 21mm$。

(4)合成扩展不确定度的计算。

取$k = 2$,则有:

$$U = k \times u_c \tag{6-18}$$

测量长度$l = 500m$时,相对不确定度为:

$$U_r = \frac{U}{l}$$

$$U_r = \frac{U}{l} = \frac{21mm \times 2}{500mm} \times 100\% = 0.0008\% \tag{6-19}$$

(5)不确定度报告。

纵向距离测量结果的扩展不确定度为:$U_r = 0.01\%$,$k = 2$。

6.2.4 车辙宽度测量结果的不确定度评定

(1)车辙宽度测量过程,其测量结果的不确定度分量。

①被检设备测量过程引入的不确定度分量 u_1。

选取典型设备,测量车辙宽度,重复三次测量,所得数据分别为 3502mm、3501mm、3502mm。用极差法计算标准差(3 次 C_n 取 1.69):

$$S_1 = \frac{l_{\max} - l_{\min}}{C_n} \tag{6-20}$$

代入计算,得 $S_1 = 0.591 \text{mm}$。

$$u_1 = \frac{S_1}{\sqrt{n}} \tag{6-21}$$

代入计算,得 $u_1 = 0.341 \text{mm}$。

②标准器引入的确定度 u_2。

根据标准器校准证书可得,标准器的不确定度 u_2 为 $0.015\text{mm} + 1.5 \times 10^{-6} L$,其中 L 为测量长度,取 3500mm,$u_2 = 0.020 \text{mm}$。

(2)合成标准不确定度的计算。

①不确定度分量的汇总。

车载式路面车辙仪车辙宽度测量结果的不确定度分量汇总见表 6-7。

不确定度分量汇总表　　　　表 6-7

序号	不确定度来源	不确定度分量	类别	分布
1	被检设备测量过程引入的不确定度	$u_1 = 0.341 \text{mm}$	A	—
2	标准器引入的不确定度	$u_2 = 0.020 \text{mm}$	B	正态

②不确定度的合成。

合成标准不确定度为:

$$u_c = \sqrt{u_1^2 + u_2^2} \tag{6-22}$$

计算得:$u_c = 0.342 \text{mm}$。

(3)合成扩展不确定度的计算。

取 $k=2$,则有:

$$U = k \times u_c \tag{6-23}$$

车辙测量宽度为 3500mm 时,车载式路面车辙仪车辙宽度测量结果的扩展不确定度为: $U=0.684\text{mm}, k=2$。

(4)不确定度报告。

车辙宽度测量结果的扩展不确定度为: $U=0.7\text{mm}, k=2$。

6.2.5 车辙测量结果的不确定度评定

(1)测量模型的建立。

$$\Delta = \frac{l_1 - l_0}{l_0} \times 100\% \tag{6-24}$$

式中: Δ——车辙测量误差;

l_0——车辙标称值,mm;

l_1——被检设备测得的车辙值,mm。

(2)标准装置的不确定度。

根据车载式激光车辙仪检定装置的工作原理以及计量标准器和主要配套设备的工作条件,影响标准装置所提供的试验横断面高程测量结果的因素包括标准装置试验路组块重复性测量不一致性、车辙组块环境稳定性、试验路路面环境稳定性、精密水准仪影响量、精密水准仪环境稳定性。为了便于表述与计算,将不确定度的来源和表示等以表 6-8 形式列出。

车载式路面车辙仪标准装置引入的不确定度来源及计算　　表 6-8

序号	不确定度来源	数量	类别	分布,k_i	标准不确定度分量	自由度
1	试验路组块重复性测量	Δ_1	A	均匀,$k_1=\sqrt{3}$	$u_1=\Delta_1/\sqrt{3}$	10
2	车辙试块工作环境稳定性	Δ_2	A	正态,$k_2=3$	$u_2=\Delta_2/3$	8
3	试验路路面环境稳定性	Δ_3	A	正态,$k_3=3$	$u_3=\Delta_3/3$	6
4	精密水准仪影响量	U_4	B	正态,$k_4=3$	$u_4=U_4/3$	很大
5	标准装置合成不确定度				$u_0=\sqrt{\sum_{i=1}^{4}u_i^2}$	
6	标准装置扩展不确定度				$U=k\sqrt{\sum_{i=1}^{5}u_i^2}=ku_0, p=95\%, k=2$	

①试验路组块重复性测量 u_1。

针对 K0+250 横断面,3.80m 横断面宽度每隔 10cm 设置一个测量点,重复测量 10 遍断面(每次重新设置组块),路面车辙深度分别为 35.56、35.58、35.67、35.68、35.69、35.69、35.70、35.74、35.76、35.78。平均值为 35.69mm,标准差为 0.07,u1=(0.07/35.69)/1.732=0.11%。

②车辙试块工作环境稳定性 u_2。

任选一个厚度为 20mm 的试块放置在室外环境下观测,观测温度从 20℃到 45℃,得到温度影响的观测结果(高度变化)分别为 20.313(20℃)、20.331(23℃)、20.347(26℃)、20.341(29℃)、20.465(32℃)、20.466(36℃)、20.454(39℃)、20.467(45℃)。平均值为 20.398,标准差为 0.07,相对不确定度 u_2=(0.07/20.398)/3=0.11%。

③试验路路面环境稳定性 u_3。

选择试验平台道路 K0+200 断面(不设试块),在不同温度下观测断面变化,观测温度从 20℃到 45℃,观测结果(换算成车辙深度)分别为 4.65(20℃)、4.55(25℃)、4.67(30℃)、4.60(35℃)、4.58(40℃)、4.55(45℃)。平均值为 4.60,标准差为 0.05,u_3=(0.05/4.6)/3=0.36%。

④精密水准仪影响量 u_4。

由检定证书获得测站单次高差标准差为 0.06mm,通过控制水准测量方法,可以保证因 i 角存在产生的测量误差不大于 0.1mm,由此得到水准测量相邻点高差的最大误差为 0.16mm。如果以组块厚度最小的断面为参考,u_4=(0.16/10)/3=0.53%。

⑤标准装置合成不确定度 u_0。

$u_0 = \sqrt{\sum_1^4 u_i^2}$,$i=1\sim4$,计算得到 $u_0=0.66\%$。

(3)被检设备测量过程引入的不确定度。

校准过程中采用 10 次重复测量平均值作为仪器示值误差的计算依据。在车辙试验专用道路上进行试验,用车载式路面车辙仪标准装置,在相同条件下短时间用型号为 ZOYON-RTM-H 车载式路面激光车辙仪(厦门合诚工程检测有限公司)重复测量 10 次,测量数据见表 6-9。

测量重复性数据(单位:mm) 表6-9

结果	断面1	断面2	断面3	断面4	断面5	断面6	断面7	断面8	断面9
1	24.96	31.53	36.33	41.68	47.64	14.29	19.70	51.30	57.54
2	24.99	31.56	36.33	41.52	48.16	14.48	19.87	51.36	57.71
3	24.90	31.11	36.22	41.24	47.86	14.65	19.48	51.56	57.47

结果	断面1	断面2	断面3	断面4	断面5	断面6	断面7	断面8	断面9
4	24.84	31.24	36.10	41.61	47.42	14.93	19.52	51.93	58.55
5	25.04	31.53	36.26	41.40	47.31	13.70	19.78	51.39	58.11
6	24.85	31.62	36.34	41.45	47.58	14.44	20.28	52.08	57.81
7	25.03	31.01	36.60	41.37	47.51	14.04	19.58	51.77	57.87
8	25.11	31.17	36.55	41.49	47.92	14.12	19.42	51.99	58.09
9	24.89	31.37	36.28	41.39	47.22	13.72	19.89	52.15	57.83
10	25.21	31.56	36.56	41.56	47.36	13.69	19.87	52.70	58.14
平均值	24.98	31.37	36.36	41.47	47.60	14.21	19.74	51.82	57.91
重复性	0.48%	0.70%	0.45%	0.31%	0.63%	3.02%	1.30%	0.85%	0.55%

根据公式：

$$u_2 = s(\overline{X})/\sqrt{n} \tag{6-25}$$

$$u_{r2} = \frac{u_2}{\overline{X}} \tag{6-26}$$

计算结果见表6-10。

被检设备测量过程引入的不确定度（单位：mm） 表6-10

结果	断面1	断面2	断面3	断面4	断面5	断面6	断面7	断面8	断面9
s	0.12	0.22	0.16	0.13	0.30	0.43	0.26	0.44	0.32
u_2	0.15%	0.22%	0.14%	0.10%	0.20%	0.95%	0.41%	0.27%	0.17%
u_{r2}	1.27%	1.01%	0.87%	0.76%	0.66%	2.23%	1.60%	0.61%	0.55%

（4）合成标准不确定度计算。

合成标准不确定度是由各标准不确定度分量合成得到的，由于各分量之间不相关，故用下式计算：

$$u_{rc} = \sqrt{u_{r1}^2 + u_{r2}^2} \tag{6-27}$$

计算结果见表6-11。

合成标准不确定度计算结果（单位：%） 表6-11

结果	断面1	断面2	断面3	断面4	断面5	断面6	断面7	断面8	断面9
u_{rc}	0.68	0.70	0.68	0.67	0.69	1.16	0.78	0.71	0.68

（5）标准装置测量结果相对扩展不确定度计算。

标准装置测量结果相对扩展不确定度：

$$u_r = ku_{rc} \tag{6-28}$$

计算结果见表6-12。

扩展不确定度计算结果(单位:%) 表6-12

结果	断面1	断面2	断面3	断面4	断面5	断面6	断面7	断面8	断面9
U_r	1.35	1.39	1.35	1.33	1.38	2.32	1.56	1.42	1.37

取9个校准结果中不确定度的最大值,作为校准结果的扩展不确定度,数值进位修约取整,有 $U_r = 3\%$, $k = 2$。

(6)校准结果相对扩展不确定度的选取。

取十个水平校准结果中不确定度的最大值,作为校准结果的不确定度描述,当十个水平校准结果不确定度最大值小于5%时,一般取 $U_r = 5\%$。

车载式路面激光车辙仪测量结果的不确定度描述为: $U_r = 5\%$, $k = 2$。

6.3 激光三维裂缝检测设备测量结果的不确定度评定及表述

6.3.1 概述

激光三维裂缝检测设备测量出裂缝的长度后还是转化成损坏面积,故激光三维裂缝检测设备的不确定度溯源可以转化成面积参数。

在计量检定规程或技术规范规定的条件下,采用该计量标准对常规的待检定或校准的三维裂缝测量检测系统进行检定或校准时,所得结果的测量不确定度可以用以下步骤进行评定。

6.3.2 三维裂缝测量结果的不确定度评定

(1)数学模型。

路面损坏面积示值相对误差用下式计算:

$$\Delta_i = \frac{A_i - A_{i,0}}{A_{i,0}} \times 100\% \tag{6-29}$$

式中：Δ_i——检测系统对第 i 种损坏面积示值的相对误差；

A_i——检测系统测得的第 i 种类型的损坏面积，m^2；

$A_{i,0}$——标准装置测得的第 i 种类型的损坏面积，m^2。

可变换为：

$$\Delta_i = \left(\frac{A_i}{A_{i,0}} - 1\right) \times 100\% \tag{6-30}$$

此为路面损坏面积示值相对误差的数学模型。

（2）测量不确定度。

由上式知，路面损坏面积示值相对误差的测量不确定度有两个来源：检测系统测值的不确定度 u_1 和标准装置测值（参考值）的不确定度 u_2。

①检测系统测值的不确定度。

检测系统测值的不确定度主要来自检测系统的测量重复性。采用常规车载式路面损坏视频检测系统进行 10 次重复性试验，结果见表 6-13。

检测系统重复性试验结果　　　　　　　　　表 6-13

序　号	面积测量值 A_i（m^2）	序　号	面积测量值 A_i（m^2）
1	0.507	8	0.490
2	0.496	9	0.493
3	0.502	10	0.507
4	0.508	$\bar{y}_i$	0.499
5	0.491	$s(y_i)$	0.006
6	0.500	$s(y_i)/\bar{y}_i$	1.3%
7	0.500		

由检测系统的重复性引入的测量不确定度为 $u_1 = 0.009 m^2$，相对标准不确定度为 $u_{1,\text{rel}} = 1.3\%$。

②标准装置测值的不确定度。

路面损坏标准测量装置是车载式路面损坏视频检测系统检定装置的主标准器，由《车载式路面损坏视频检测系统》[JJG（交通）077—2015]附录 A 知，对其最大允许误差的要求是 MPE 为 ±1%。从路面损坏标准测量装置的校准证书（编号 CDjc2016-5000）可知，此装置的面积示值相对误差范围为 -0.5%~0.9%，不确定度为 $U = 0.1\%$，$k = 2$，依据《测量仪器特性评定》（JJF 1094—2002），示值相对误差的不确定度 $U < \frac{1}{3} \cdot \text{MPEV}$，且示值相对误差在最大允许误差范围内，因此路面损坏标准测量装置符合要求，即路面损坏标准测量装置最大允许误差为 ±1%。

取包含因子 $k=2$ 时,标准装置测值的相对标准不确定度为:$u_{2,\text{rel}} = 0.5\%$。

(3)不确定度的合成。

由路面损坏面积示值相对误差的数学模型及不确定度合成规则,路面损坏面积示值相对误差检定或校准结果的不确定度为:$u_{c,\text{rel}} = \sqrt{u_{1,\text{rel}}^2 + u_{2,\text{rel}}^2} = 1.4\%$;$U_{\text{rel}} = 3\%$,$k=2$。

合成不确定度中,待检车载式路面损坏视频检测系统的重复性引入的不确定度分量所占比重较大,说明检定或校准过程中待检设备的重复性是主要影响因素。

6.4 激光三维坑槽检测设备测量结果的不确定度评定及表述

6.4.1 概述

激光三维坑槽检测设备是应用高频率线激光测距或使用点激光扫描仪采集路面点云数据,形成路面三维坑槽信息的仪器,主要由激光测距系统、纵向测距传感器和计算机处理系统等部分组成。

6.4.2 纵向距离测量结果的不确定度

(1)测量模型的建立。

$$\Delta = \frac{l_1 - l_0}{l_0} \times 100\% \tag{6-31}$$

式中:Δ——纵向距离传感器示值相对误差;

l_0——标准装置测得的纵向距离,m;

l_1——被检设备测得的纵向距离,m。

(2)不确定度分量的评定。

①被检设备测量过程引入的不确定度 u_1。

选取典型设备,设置测量长度为500m,重复性条件下进行三次测量,所得数据分别为500.05m、500.03m、500.09m。

用极差法计算标准差(测量 3 次,极差系数 C_n 取 1.69):

$$S_1 = \frac{l_{\max} - l_{\min}}{C_n} \times 100\% \tag{6-32}$$

代入计算,得 $S_1 = 0.0355\text{m} = 35.5\text{mm}$。

$$u_1 = \frac{S_1}{\sqrt{n}} \tag{6-33}$$

代入计算,得 $u_i = 20.49\text{mm}$。

②标准装置引入的不确定度 u_2。

根据全站仪证书可得,全站仪的不确定度 u_2 为 $0.6\text{mm} + 1 \times 10^{-6}D$,以 500m 计,$u_2 = 0.6\text{mm}$。

(3) 合成标准不确定度的计算。

①不确定度分量的汇总。

激光三维坑槽检测设备纵向距离传感器示值校准结果的不确定度分量汇总见表 6-14。

不确定度分量汇总　　　　表 6-14

序号	不确定度来源	不确定度分量	类别	分布
1	被检设备测量过程引入的不确定度	$u_1 = 20.5\text{mm}$	A	—
2	标准装置引入的不确定度	$u_2 = 0.6\text{mm}$	B	正态

②不确定度的合成。

合成标准不确定度为:

$$u_c = \sqrt{u_1^2 + u_2^2} \tag{6-34}$$

计算得: $u_c = 20.508\text{mm}$,修约为: $u_c = 21\text{mm}$。

③合成扩展不确定度的计算。

取 $k = 2$,则有: $U = 42\text{mm}, k = 2$。

测量长度为 500m 时,相对不确定度: $U_r = 0.01\%, k = 2$。

④不确定度报告。

纵向距离测量不确定度: $U_r = 0.01\%, k = 2$。

6.4.3　坑槽面积校准结果的不确定度

(1) 测量模型的建立。

$$\Delta = \frac{S_1 - S_0}{S_0} \times 100\% \tag{6-35}$$

式中：Δ——坑槽面积示值误差；

S_0——坑槽面积参考值，m^2；

S_1——坑槽面积测得值，m^2。

(2)测量不确定度的来源。

坑槽面积示值误差的测量不确定度有两个来源：检测系统测值的不确定度 u_1 和标准装置测值(参考值)的不确定度 u_2。

①检测系统测值的不确定度。

检测系统测值的不确定度主要来自检测系统的测量重复性。采用路面三维坑槽检测仪进行 10 次重复性试验，结果见表6-15。

检测系统重复性试验结果　　　　　表6-15

序号	面积测量值 A_i(m^2)	序号	面积测量值 A_i(m^2)
1	0.507	8	0.490
2	0.496	9	0.493
3	0.502	10	0.507
4	0.508	$\bar{y}_i$	0.499
5	0.491	$s(y_i)$	0.006
6	0.500	$s(y_i)/\bar{y}_i$	1.3%
7	0.500		

由检测系统的重复性引入的测量不确定度为：$u_1 = 0.009 m^2$，相对标准不确定度为：$u_{1,rel} = 1.3\%$。

②标准装置测值的不确定度。

路面三维坑槽标准测量装置，其最大允许误差的要求是 MPE 为 ±1%。此装置的面积示值相对误差范围为 $-0.5\% \sim 0.9\%$，不确定度为：$U = 0.1\%$，$k = 2$。

依据《测量仪器特性评定》(JJF 1094—2002)，示值相对误差的不确定度 $U < \frac{1}{3} \cdot$ MPEV，且示值相对误差在最大允许误差范围内，因此该标准测量装置符合要求，即坑槽面积测量装置最大允许误差为 ±1%。

取包含因子 $k = 2$ 时，标准装置测值的相对标准不确定度为：$u_{2,rel} = 0.5\%$。

③不确定度的合成。

由坑槽损坏面积示值相对误差的数学模型及不确定度合成规则，坑槽面积示值相对误差检定或校准结果的不确定度为：$u_{c,rel} = \sqrt{u_{1,rel}^2 + u_{2,rel}^2} = 1.4\%$；$U_{rel} = 3\%$，$k = 2$。

合成不确定度中,三维坑槽检测仪的重复性引入的不确定度分量所占比重较大,说明校准过程中待检设备的重复性是主要影响因素。

6.4.4 坑槽深度测量结果的不确定度评定

(1)测量模型的建立。

$$\Delta = l_1 - l_2 \tag{6-36}$$

式中:Δ——坑槽深度示值误差;

l_1——激光三维坑槽检测设备测得深度,mm;

l_2——坑槽深度标称值,mm。

(2)不确定度分量的评定。

①被检设备测量过程引入的不确定度 u_1。

选取典型设备,测量标称深度值为23mm坑槽模型,重复三次测量,所得数据分别为23.5mm、24mm、24.5mm。用极差法计算标准差(测量3次,极差系数C_n取1.69):

$$S_1 = \frac{l_{max} - l_{min}}{C_n} \tag{6-37}$$

代入计算,得 $S_1 = 0.6mm$。

$$u_1 = \frac{S_1}{\sqrt{n}} \tag{6-38}$$

代入计算,得 $u_1 = 0.35mm$。

②标准装置引入的不确定度 u_2。

标准坑槽模型的深度不确定度 u_2 为1mm。

(3)合成标准不确定度的计算。

①不确定度分量的汇总。

坑槽深度示值测量结果的不确定度分量汇总见表6-16。

不确定度分量汇总表   表6-16

序号	不确定度来源	不确定度分量	类别	分布
1	被检设备测量过程引入的不确定度	$u_1 = 0.35mm$	A	—
2	标准装置引入的不确定度	$u_2 = 1mm$	B	正态

②不确定度的合成。

合成标准不确定度为：

$$u_c = \sqrt{u_1^2 + u_2^2} \tag{6-39}$$

计算得：$u_c = 1.1 \text{mm}$。

(4) 合成扩展不确定度的计算。

取 $k = 2$，则坑槽深度测量结果的扩展不确定度：$U = 2.2 \text{mm}, k = 2$。

(5) 不确定度报告。

坑槽深度测量结果的扩展不确定度：$U = 2.2 \text{mm}, k = 2$。

第 7 章

路面激光三维检测设备计量溯源性研究

7.1 量值溯源与量值传递的必要性

《中华人民共和国计量法》第一条规定了计量立法宗旨,要保障国家计量单位制的统一和量值的准确可靠,为达到这一宗旨而进行的活动中最基础、最核心的过程就是量值传递和量值溯源。它既涉及科学技术问题,也涉及管理问题和法制问题。

由于种种原因,任何计量器具都具有不同程度的误差。计量器具只有其误差在允许范围内才能科学使用,否则将得出错误的测量结果。如果没有自国家计量基准、各级计量标准或有证标准物质进行的量值传递或各种计量器具向这些国家计量基准、计量标准或有证标准物质寻求的溯源,就不可能使新制造或购置的、使用中的、修理后的、不同形式的、分布于不同地区、在不同环境下测量同一量值的计量器具都能在允许的误差范围内工作。

为保证全国量值传递的一致性和测量结果的可信度,为国民经济、社会发展及计量监督管理提供准确的检定、校准数据或结果,有必要加强量值传递与量值溯源工作。

研究和开发激光三维路面检测设备的标准计量仪器是实现量值传递的重要手段,填补了国内外在该方面的空白,具有较高的科学和经济价值。本书的研究能够极大提高传统方式测量的精度,保证工程质量,节省测量成本。基于激光三维路面检测设备相关计量校准技术方法和溯源体系的建立,将完善相关领域的计量传递与溯源,为路面的三维测量提供重要的技术依据。随着该系统的使用和影响力的扩大,路面三维计量业务将得到更深入的发展,经济效益将逐年大幅递增。建立符合国家计量标准的标准计量仪器,有助于检定和校准国内不同机构的测量装置,有助于帮助用户选择适合的不同精度测量装置,具有较好的社会经济效益。

现有的路面三维破损测量设备虽然已具有较高的分辨率,但还未达到计量标准。众所周知,实践中无法得知真实的路面破损三维尺寸,因此,路面破损的三维貌测量结果一定存在误差。目前有部分关于探究路面三维测量值和真实值之间差异的报道。此外,我国对路面破损三维的测量设备也未建立计量标准,现阶段路面测量设备的技术指标均由生产厂家根据现在二维破损的计量标准给出,缺乏科学合理的计量检测比对。由此可见,路面破损三维测量设备的量值溯源具有重要研究意义和应用前景。

7.2 量值溯源与量值传递的定义

量值溯源是量值传递的逆过程。量值传递是指"通过对测量仪器的校准或检定,将国家测量标准所实现的单位量值通过各等级的测量标准传递到工作测量仪器的活动,以保证测量所得的量值准确一致"。

现以线纹尺测量长度为例说明量值传递的过程。633nm 波长国家基准采用比较测量法检定激光干涉比长仪;激光干涉比长仪采用直接测量法检定一等标准金属线纹尺;一等标准金属线纹尺采用比较测量法检定二等标准金属线纹尺;二等标准金属线纹尺采用直接测量法检定三等标准金属线纹尺;三等标准金属线纹尺采用直接测量法检定工作计量器具——钢直尺。使用钢直尺在生产中测量得到的长度值就通过这一条不间断的链与 633nm 波长国家基准联系起来,以确保测量的量值准确可靠,这一过程就是量值传递的实施。

量值溯源是指"通过文件规定的不间断的校准链,测量结果与参照对象联系起来的特性,校准链中的每项校准均会引入测量不确定度",因此,量值传递是量值溯源的逆过程。仍以线纹尺为例,生产厂把钢直尺送到具有三等标准金属线纹尺的计量检定机构检定,而该三等标准线纹尺经过二等、一等标准线纹尺检定,并可最终追溯至国家 633nm 波长基准检定,由此使用钢直尺测量得到的长度值就通过这一条不间断的链与国家计量基准联系起来,实现了量值溯源,称该生产厂的钢直尺在生产中测量得到的长度值具有量值溯源性。

由此可见,无论是进行量值传递,还是量值溯源,都离不开用准确度等级较高的计量标准在规定的不确定度之内对准确度等级较低的计量标准或工作计量器具进行检定或校准。因此,每一层次的检定或校准都是量值传递中的一个环节,同时也是量值溯源的一个步骤。

量值溯源和量值传递是同一过程的两种不同表达,其含义就是通过检定或校准,把某种可测量的量从国际计量基准或国家计量基准由高等级向低等级传递,直到工作计量器具。作为某一个量定值依据的国际计量基准或国家计量基准就是这个量的源头,是准确度最高点,从这点向下传递,量值的准确度逐渐降低,直至生产、生活和科学实验中获得的测得值,构成了这个量的一条不间断的量值传递链。要实现量值的准确可靠,做到量值传递和量值溯源真正有效,必须在每个量的传递链或溯源链中都要规定每一级的测量不确定度,使量值在传递过程中准确度的损失尽可能小。量值传递和量值溯源互为逆过程。

量值传递自上而下逐级传递,在某一种量的量值传递关系中只允许有一个国家计量基准。在我国,大部分国家计量基准保存在中国计量科学研究院。社会公用计量标准主要保存在各级法定计量检定机构。部门计量标准保存在省级以上政府有关主管部门,企事业单位计量标准保存在企事业单位。

量值溯源自下而上逐级传递,是一种自愿行为。溯源的起点是计量器具测得的量值,即测得值,通过工作计量器具、各级计量标准追溯至国家基准。溯源的途径允许逐级或越级送往计量技术机构检定校准,但必须确保溯源的链路不间断,作为某一个量定值依据的国际计量基准或国家计量基准就是这个量值的源头,是准确度的最高点。

然而,现有的路面轮廓三维测量装置大都还只是停留在测量层面,没有完成计量体系中的量值溯源,这些路面轮廓三维测量设备并不能作为路面轮廓的标准计量仪器。标准计量仪器是不同行业计量体系中用于量值传递的标准设备,但是在路面工程中,国内用于量值传递的标准仪器以及检测标准尚未建立,更多的是生产厂家和研究机构根据各自检测仪器的特点给出相应技术指标,缺乏科学合理的计量检测比对。总之,现在的路面轮廓三维测量装置还不能溯源到国家计量标准,也就是不能够实现量值溯源。

7.3 计量基准与计量标准

计量基准,又称国家计量基准,它是经国家决定承认,在一个国家内作为对有关量的其他测量标准定值的依据。计量基准体现了一个国家的科学技术水平。在给定的计量领域中,所有计量器具进行的一切测量均可追溯到计量基准所复现或保存的计量单位量值,从而保证这些测量结果准确可靠和具有实际的可比性。计量基准无一例外地处在全国传递计量单位量值的最高或起始位置,也是全国计量单位量值溯源的终点。我国《计量基准管理办法》规定,计量基准必须经国务院计量行政部门批准并颁发《计量基准证书》后,方可正式使用。根据需要,它可以代表国家参加国际比对,使量值与国际计量基准保持一致。计量基准是一个国家量值的源头。我国的计量基准是经国务院计量行政部门批准作为统一全国量值的最高依据,全国的各级计量标准和工作计量器具的量值都要溯源于计量基准。计量基准可以进行仲裁检定,所出具的数据能够作为处理计量纠纷的依据并具有法律效力。

计量标准是指准确度低于计量基准、用于检定或校准其他计量标准或工作计量器具的测量标准。通常,计量标准的准确度应高于被检定或校准的计量器具的准确度。凡不用于量值传递或量值溯源而只用于日常测量的计量器具,不管其准确度有多高都称为工作计量器具,不能称之为计量标准。计量标准在我国量值传递和量值溯源中处于中间环节,起着承上启下的作用,即计量标准将计量基准所复现的量值,通过检定或者校准的方式传递到工作计量器具,确保工作计量器具量值的准确、可靠和统一,从而使工作计量器具进行测量得到的数据可以溯源到计量基准,如图7-1所示。

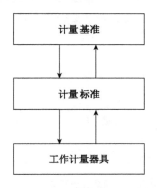

图7-1 检定/校准路径溯源路径

计量标准是将计量基准的量值传递到国民经济和社会生活各个领域的纽带,是确保量值传递和量值溯源、实现全国计量单位制的统一和量值准确可靠的必不可少的物质基础和重要保障。按照我国计量法律法规的规定,计量标准可以分为最高等级计量标准(也称为最高计量标准)和其他等级计量标准(也称为次级计量标准)。最高等级计量标准又有三类:最高等级社会公用计量标准、部门最高等级计量标准和企事业单位最高等级计量标准;其他等级计量标准也有三类:其他等级社会公用计量标准、部门其他等级计量标准和企事业单位其他等级计量标准。

7.4 路面激光三维检测设备溯源路径框图

根据检定系统表、三维计量用标准装置的不确定度、准确度等级及最大允许误差的关系,将上述指标均溯源至长度国家计量标准,建立三维平整度检测设备、三维车辙检测设备、三维裂缝检测设备、三维坑槽检测设备的量值溯源框如图7-2~图7-5所示,路面三维检测设备可依据溯源框图实现有效溯源。

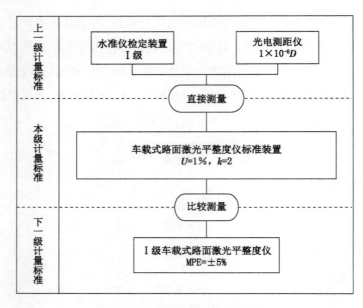

图 7-2　三维激光平整度仪溯源框图

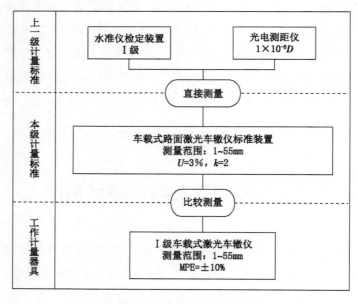

图 7-3　三维激光车辙溯源框图

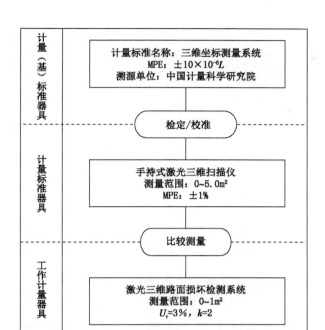

图7-4 三维裂缝检测设备溯源框图

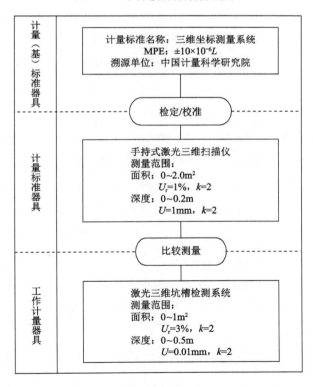

图7-5 三维坑槽检测设备溯源框图

参考文献

[1] 冯其波,谢芳,张斌.光学测量技术与应用[M].北京:清华大学出版社,2008.

[2] 吕深圳.基于数字光栅投影技术的三维面型测量研究[D].北京:中国科学院大学,2021.

[3] 李云雷.基于近景工业摄影的光学三维形貌测量关键技术研究[D].上海:上海大学,2020.

[4] LOWE D G. Distinctive Image Features from Scale-Invariant Keypoints[J]. International Journal of Computer Vision,2004,60(2):91-110.

[5] XU J, ZHANG S. Status,challenges and future perspectives of fringe projection profilometry[J]. Optics and Lasers in Engineering,2020:106193.

[6] 李永怀,冯其波.光学三维轮廓测量技术进展[J].激光与红外,2005,35(3):143147.

[7] GENG J. Structured-light 3D surface imaging:atutorial[J]. Advances in Optics & Photonics,2011,3(2):128-160.

[8] LIU Z, LI X, YIN Y. On-site Calibration of Line-structured Light Vision Sensor in Complex Light environments[J]. Optics Express,2015,23(23):29896.

[9] 王建锋.激光路面三维检测专用车技术与理论研究[D].西安:长安大学,2010.

[10] RITESH A,ANUP D,RAJAWAT A S. Accuracy Assessment of Digital Elevation Model Generated by SAR Stereoscopic Technique Using COSMO-Skymed Data[J]. Journal of the Indian Society of Remote Sensing,2018.

[11] 马荣贵.路面三维检测系统原理及方法研究[D].西安:长安大学,2008.

[12] 褚楚.基于激光干涉的高精度计量装置研发及路面轮廓量测的量值溯源[D].北京:北京科技大学,2010.

[13] 李荣,卢毅,宋萍.多功能路面状况检测技术的发展[J].测绘地理信息,2013,38(4):78-81.

[14] 郭牧.车载式三维激光路面检测系统设计与实现[D].西安:长安大学,2020.